Geschichte und Geschehen

Grundbegriffe und Basiswissen Oberstufe Bayern

Autorin:
Ulrike Salbaum

Ernst Klett Verlag
Stuttgart · Leipzig

Vorwort

Liebe Schülerinnen, liebe Schüler,

der vorliegende Band fasst das Grundwissen aus der Unter- und Mittelstufe zusammen und verknüpft es mit den zentralen Punkten des Stoffes aus dem Lehrplan für die Jahrgangsstufe 11 und 12. Die dabei behandelten exemplarischen Unterrichtsthemen gehen in ihrer Schwerpunktsetzung von räumlich nahen Bereichen (Region und Land) über Deutschland und Europa bis hin zu internationalen Fragestellungen. Dem folgt dieses Heft „Grundbegriffe und Basiswissen".
Alle Unterkapitel sind jeweils gleich aufgebaut. Zu Beginn gibt es eine Aufstellung mit den wichtigsten Daten zur Orientierung im behandelten Zeitraum. Daran schließt eine Wiederholung von thematisch passenden Grundbegriffen aus den vorhergehenden Jahrgangsstufen an. Hiermit soll „solides, in den Jahrgangsstufen 6 bis 10 aufgebautes Grundwissen" – so der Lehrplan – noch einmal vertieft werden. In einem dritten Schritt sind die notwendigen Basiskenntnisse für das jeweilige Themengebiet in kurzen Abschnitten zusammengefasst. In diesem darstellenden Teil werden die Grundbegriffe fett und farbig hervorgehoben; daneben werden weitere wichtige Begriffe mit Kursivschrift kenntlich gemacht. Zudem werden wichtige Inhalte in Form von Grafiken visualisiert dargeboten. Am Ende jedes Unterkapitels gibt es eine oder mehrere Klausuraufgaben mit Lösungshinweisen.
Der Inhalt dieses Heftes „Grundbegriffe und Basiswissens" bietet somit eine Grundlage für die nachhaltige Vorbereitung auf Klausuren und die schriftliche oder mündliche Abiturprüfung. Vor allem bei Schulaufgaben müssen allerdings unbedingt die individuellen Schwerpunktsetzungen der unterrichtenden Lehrkraft – etwa bei der Auswahl von Beispielen – in die Vorbereitung mit einbezogen werden, ebenso für die Kolloquiumsprüfung. Auch über den unmittelbaren Zweck der Prüfungsvorbereitung hinaus hilft das hiermit erworbene Wissen zur Orientierung bei historischen Themen, aber auch zum Verständnis von aktuellen politischen Fragestellungen.

Jettingen, im Februar 2013

Die Autorin

Inhalt

1 Gesellschaft im Wandel (15. bis 19. Jahrhundert)

Worum es geht

Die Zeit zwischen dem 15. und 19. Jahrhundert stellt den Übergang vom Mittelalter zur Moderne dar. Zunächst lebten die Menschen noch in den engen Grenzen der Ständegesellschaft, eingebunden in ihren unmittelbaren Lebensraum. Es gab kaum soziale Mobilität, jeder hatte seinen Platz, und die weltlichen und kirchlichen Obrigkeiten sorgten – durchaus im eigenen Interesse – für die Einhaltung der Grenzen. Produkte wurden von Hand hergestellt, vieles davon für den Eigenbedarf oder den Verkauf an Kunden aus dem nahen Umfeld. Es gab nur wenige große Städte, in denen Kaufleute über größere Entfernungen hinweg Handel betrieben. Das Leben der Menschen wurde durch Kriege, Seuchen oder Hungersnöte bedroht. Trost suchten sie im Glauben, Hilfe boten Fürsorgeeinrichtungen von Orden, Stadt- oder Dorfgemeinden.

Durch die Französische Revolution von 1789 und den Aufstieg Napoleons wurden die politischen Rahmenbedingungen stark verändert. Auch durch den Bevölkerungsanstieg ab Mitte des 18. Jahrhunderts, die Bauernbefreiung und den Beginn der Industrialisierung wandelte sich die Lage für die Menschen. Die verarmte Landbevölkerung wanderte in die schnell wachsenden Städte ab. Dort bildete sich eine Schicht aus ungelernten Arbeitern, die mit ihren Familien am Existenzminimum lebten. Von Staat, Kirchen und Privatpersonen wurden vereinzelt Versuche unternommen, die Lage dieser Menschen zu verbessern.

Eine neue Zeit bricht an: Die gesamte städtische Gesellschaft bestaunt die Nürnberg-Fürther Eisenbahn
Aquarell eines unbekannten Künstler, um 1835.

1.1 Leben in der Ständegesellschaft des 15. bis 18. Jahrhunderts

Wichtige Daten zur Orientierung

um 1450	Entwicklung des Buchdrucks mit beweglichen Lettern durch Johannes Gutenberg
1492	Entdeckung Amerikas durch Christoph Kolumbus, Beginn der europäischen Expansion nach Amerika
1517	Beginn der Reformation
1519–1556	Regierungszeit Kaiser Karls V.
1525/26	Bauernkriege
1555	Augsburger Religionsfriede
1618–1648	Dreißigjähriger Krieg; beendet durch den Westfälischen Frieden
1661–1715	Regierungszeit Ludwigs XIV. in Frankreich: Ausprägung des Absolutismus (Krönung 1654)
1688/89	Glorious Revolution in England: Anfänge der parlamentarischen Monarchie
1740–1786	Regierungszeit Friedrichs II. in Preußen: aufgeklärter Absolutismus
1789	Beginn der Französischen Revolution
1806	Ende des Heiligen Römischen Reiches Deutscher Nation

Grundbegriffe aus der Unter- und Mittelstufe

Absolutismus: siehe S. 13

Aufklärung: Die Bewegung der Aufklärung erfasste im 17. und 18. Jahrhundert ganz Europa. Als Grundsatz der Aufklärung kann die Aufforderung gelten: „Habe Mut, dich deines eigenen Verstandes zu bedienen!" (Immanuel Kant). Man geht dabei von der Voraussetzung aus, dass jeder Mensch Vernunft besitzt und fähig ist, diese Vernunft selbstständig zu gebrauchen. Die Ideen der Aufklärung haben die Neuzeit bis heute entscheidend gestaltet.

Der Dreißigjährige Krieg: Dieser begann 1618 als regionaler religiöser Streit, weitete sich aber dann aus zu einem Konflikt zwischen dem Kaiser und den katholischen Fürsten einerseits und den protestantischen Fürsten andererseits sowie zum allgemeinen Krieg um die Vorherrschaft in Europa, an dem auch Dänemark, Schweden und Frankreich beteiligt waren. Es handelt sich nicht um einen einzigen Krieg, sondern um eine ganze Reihe parallel ablaufender, ineinander übergehender und aufeinanderfolgender Kriege, die mit dem Westfälischen Frieden 1648 beendet wurden.

Französische Revolution: Finanzielle Probleme sowie ausbleibende politische und soziale Reformen brachten Frankreich schon im Verlauf des 18. Jahrhunderts mehrfach an den Rand einer Revolution. Bei der intellektuellen Führungsschicht aus reichen, aber politisch machtlosen Bürgern und gebildeten, aber verarmten Adligen fielen die Ideen der Aufklärung auf fruchtbaren Boden. Die Mehrheit der Bevölkerung litt zudem unter hohen Steuern, Armut und Hunger. Schließlich rief der König die Generalstände für Beratungen über eine Steuerreform ein. Als sich die Abgeordneten des Dritten Standes zur Nationalversammlung erklärten, begann die Revolution gegen den König und das absolutistische System. Symbolischer Anfang war die Erstürmung der Bastille durch die Pariser Bevölkerung (14. Juli 1789). Nach einer ersten eher gemäßigten Phase radikalisierte sich die Revolution. Die Diktatur des Wohlfahrtsausschusses war eine Zeit des Terrors, in der viele echte oder vermeintliche Gegner der Revolution hingerichtet wurden. Unter der wieder gemäßigten Herrschaft des Direktoriums gelang Napoleon Bonaparte der Aufstieg an die Spitze des Staates.

Humanismus und Renaissance: Die Begriffe Humanismus und Renaissance bezeichnen als Epochenbegriffe die Übergangszeit vom Mittelalter zur Neuzeit. Häufig wird der Begriff Humanismus für die philosophischen und literarischen Äußerungen dieser Epoche, der Begriff Renaissance mehr für die Kunst der Zeit verwendet. Beide Bewegungen entstanden in Italien und breiteten sich von dort im übrigen Europa aus. Der Rückgriff auf antikes Denken und die veränderte Vorstellung vom Wert des selbstbestimmten Menschen ermöglichten eine Befreiung von der mittelalterlichen Gebundenheit an religiöse und gesellschaftliche Zwänge sowie von vorgeschriebenen Denkstrukturen.

Reformation: Im ausgehenden Mittelalter gab es häufig Forderungen nach einer Reform der Kirche, wodurch bestehende Missstände beseitigt werden sollten. Eine solche Reform gelang allerdings nicht. Gipfelpunkt der Reformzeit war die Veröffentlichung der 95 Thesen des Theologen Martin Luther, die letztendlich zu einer Spaltung der Kirche in verschiedene Konfessionen (Konfessionalisierung) und damit auch zu sozialen und wirtschaftlichen Veränderungen führte. Das Wirken Luthers und anderer Reformatoren war dabei nur Auslöser für längst fällige Prozesse.
Als immer mehr Fürsten sich zur Reformation bekannten, wurde die religiöse Spaltung zur Ursache von großen Konflikten zwischen Kaiser und Fürsten im Heiligen Römischen Reich, aber auch in anderen europäischen Ländern. Die katholische Kirche reagierte auf die Reformation mit der sogenannten Gegenreformation. Diese umfasste einerseits innerkirchliche Reformen, andererseits aber auch Maßnahmen, die dazu dienen sollten, die Menschen in protestantisch gewordenen Gebieten (teilweise mit Gewalt) wieder zum katholischen Glauben zu bekehren.

Basiswissen der Oberstufe

Die Epoche der Frühen Neuzeit

Die Zeit zwischen etwa 1450 und dem Ende des 18. Jahrhunderts wird in der Geschichtswissenschaft traditionell als Frühe Neuzeit bezeichnet. Wie bei allen Epochen lassen sich auch hier keine exakten Grenzen ziehen. Allerdings gibt es eine Reihe von Ereignissen, die gesellschaftliche, politische und wirtschaftliche Umbrüche markieren und so eine Grenze zum Mittelalter einerseits und zur Moderne andererseits deutlich machen.
Zu den wichtigen Geschehnissen am Beginn der Epoche zählen zum Beispiel die Entwicklung des Buchdrucks mit beweglichen Lettern durch Johannes Gutenberg um 1450, die Entdeckung Amerikas durch Christoph Kolumbus 1492 und der Beginn der **Reformation** 1517. Ein zentrales Ereignis der Frühen Neuzeit war der vorwiegend auf deutschem Boden geführte **Dreißigjährige Krieg** (1618–1648). Mit seinem Ende setzt sich in den europäischen Monarchien wie in den deutschen Territorien die Herrschaftsform des **Absolutismus** durch. Als Ende der Frühen Neuzeit und Beginn der Neuzeit gilt üblicherweise die Zeit um 1800. Wichtige Ereignisse hierzu waren zum Beispiel der Beginn der **Französischen Revolution** 1789 und das Ende des Heiligen Römischen Reiches Deutscher Nation 1806.

Das gesellschaftliche System: die Ständeordnung

Die Vorstellung von den drei Ständen wurde im Mittelalter von Theologen entwickelt und stellte im Denken der damaligen Zeit eine gottgewollte Ungleichheit dar. Geburt und soziale Herkunft waren ausschlaggebend für Bildungsmöglichkeiten, „Beruf", Lebensstandard und den Zugang zu politischen Ämtern. Jeder Stand hatte seine eigenen Pflichten und Rechte (Adel als „Wehrstand", Klerus als „Lehrstand", Bauern als „Nährstand"). In den Stand – mit Ausnahme des Klerus – wurde man hineingeboren. Soziale Mobilität war in der Realität in Einzelfällen möglich. Jeder Stand war in sich sehr differenziert, es gab jeweils eine (zahlenmäßig kleinere) führende Schicht, die Macht und Einfluss besaß, aber auch eine große Anzahl von Menschen, die in Armut, in Krisenzeiten sogar an der Existenzgrenze lebte. Die Unterschichten galten als „nichtständisch".

Die drei Stände

Die Geistlichkeit, der Klerus, galt als *erster Stand*. Seine Angehörigen waren von Steuern befreit und unterstanden der kirchlichen Gerichtsbarkeit. Der hohe Klerus umfasste Bischöfe, die Mitglieder der Domkapitel, Äbte und Äbtissinnen. Für viele Adelsfamilien war der geistliche „Beruf" eine standesgemäße Versorgungseinrichtung für nachgeborene (nicht erbberechtigte) Söhne und unverheiratete Töchter. Der hohe Klerus führte ein Leben, das dem weltlicher Fürsten in nichts nachstand. Häufig hatten Mitglieder des hohen Klerus auch wichtige Staatsämter inne. Gemeindepfarrer, niedere Ordensmitglieder und Laienbrüder oder -schwestern zählten zum niederen Klerus. Sie stammten in der Regel aus bürgerlichen oder bäuerlichen Familien.
Die Mitglieder des Adels, der *zweite Stand*, waren ebenfalls von Steuerleistungen befreit, besaßen eine eigene Gerichtsbarkeit und den Anspruch, Macht über ihre Untergebenen auszuüben. Sie leisteten Kriegsdienst, bewirtschafteten ihre Güter und übernahmen für den König bzw. den jeweiligen Fürsten Ämter. Kennzeichnend war auch ein „adeliger" Lebensstil, d.h. ein Adliger durfte nicht für den Broterwerb arbeiten, ging standesgemäßen Vergnügungen nach und gab sich nur mit seinesgleichen ab. Der Hoch- und Hofadel befand sich in der Umgebung des Königs und war in der Regel reich. Dagegen waren die Mitglieder des Nieder- oder Dienstadels – ursprünglich oft unfreie Ministeriale – teilweise nicht viel begüterter als reiche Bauern, sodass manche sich als Raubritter verdingten.
Ab 1250 erlebten die Städte einen Aufschwung. Unter den Stadtbewohnern gab es große Unterschiede in Ansehen, Besitz und Rechten. An der Spitze befanden sich die Patrizier, („Stadtadel"). Zu ihnen zählten reiche Kaufleute und Meister der angesehenen Handwerke. Sie wählten den Rat, stellten die Ratsherren und Bürgermeister und lenkten so die Geschicke der Stadt. Manche von ihnen, wie die Fugger, besaßen großen Einfluss als Handelsherren und Geldgeber der Fürsten. Zu den Bürgern zählten aber auch weniger wohlhabende Handwerker und Kaufleute sowie Gesellen mit Bürgerrecht.
Bauern und Stadtbürger bildeten nach der sogenannten „Ständelehre" der Kirche den *dritten Stand*, wobei die Städte ab dem 14. Jahrhundert neben dem Adel und dem Klerus eine eigene, gleichberechtigte Vertretung auf Reichstagen und Ständeversammlungen hatten; bei der Bauernschaft war dies dagegen nicht der Fall.
Die freien Bauern auf dem Land waren teilweise recht wohlhabend. Im Laufe der Zeit sanken aber viele von ihnen freiwillig oder erzwungen in die Unfreiheit ab. Damit waren sie vom Kriegsdienst befreit. Außerdem lebten viele Menschen als Hörige, Leibeigene oder Tagelöhner, Knechte und Mägde in Abhängigkeit von ihren Herren. Zu den unterständischen Schichten in Stadt und Land gehörten auch das Hausgesinde, Tagelöhner, Mitglieder „nicht ehrbarer" Berufe (z. B. Bettler, Prostituierte, Henker, Totengräber) und die Juden sowie das fahrende Volk (z. B. Gaukler, Spielleute, Musikanten).

Das Leben auf dem Land

Die überwiegende Mehrheit der Bevölkerung im Mittelalter und in der Frühen Neuzeit lebte auf dem Land. Das Leben dort war geprägt durch das System der *Grundherrschaft*. Dabei gab der Grundherr (in der Regel ein Adliger, aber auch Klostergemeinschaften, vertreten durch den Abt) Ackerland an Bauern weiter. Auch gewährte er den Bauern Schutz und Fürsorge in Notzeiten. Dafür erhielt er Abgaben (in Naturalform). Die Bauern waren auch zu bestimmten Arbeitsleistungen *(Frondiensten)* und Gehorsam verpflichtet. Im Prinzip handelte es sich um eine Subsistenzwirtschaft. Das heißt, dass man vor allem zur Selbstversorgung und für den eigenen Lebensunterhalt arbeitete. Vorräte in größerem Umfang wurden nicht angelegt, der Verkauf von Produkten geschah nur auf lokaler oder regionaler Ebene.

Die Bauern bewirtschafteten das Land im System der *Dreifelderwirtschaft*. Die gesamte Flur eines Dorfes war in drei Bereiche (Zelgen) eingeteilt. Davon wurde ein Drittel mit Winterfrucht (z. B. Gerste, Dinkel, Weizen, Roggen), eines mit Sommerfrucht (z. B. Hafer, Gerste, Bohnen, Linsen) bebaut, das letzte Drittel lag brach, wurde mit Klee bepflanzt und beweidet. Jedes Jahr wurde die Bewirtschaftung gewechselt, um eine zu starke Ermüdung des Bodens zu verhindern. Jeder Besitzer einer Hofstelle besaß einen Anteil an jeder der drei Zelgen („Gemengelage“ der Felder). Alle Bauern mussten sich an die Fruchtfolge halten und ihre Arbeit bei der gemeinsamen Aussaat und Ernte mit den anderen absprechen (Flurzwang). In den meisten Dörfern gab es die sogenannte Allmende. Dabei handelte es sich um gemeinschaftliches Eigentum einer Dorfgemeinschaft, das von allen gemeinsam genutzt wurde. Dazu gehörte der Dorfanger und dessen Nutzung sowie Wege-, Weide-, Fischerei-, Wasser- oder Holzrechte. Auch über deren Nutzung mussten sich die Dorfbewohner einigen. Um bestimmte Aufgaben gemeinsam zu lösen, schlossen sich die Bauern in Genossenschaften zusammen. So gab es z. B. Weide-, Wasser-, Deich- oder Alpgenossenschaften.
Viele Bauern waren persönlich jedoch unfrei und damit an den Grundherrn oder einen Leibherrn gebunden. Dabei wurden verschiedene Abstufungen der Unfreiheit unterschieden, die sich im Laufe der Zeit jedoch anglichen. Hörige besaßen bestimmte Freiheiten, waren aber an ihre Bauernstelle gebunden und durften ihren Hof nicht aufgeben. Leibeigene waren dagegen auch persönlich unfrei. Ihr Leibherr hatte die Verfügungsgewalt über sie. Beispielsweise durften sie nicht ohne Erlaubnis ihres Herrn heiraten. Häufig besaß der Grundherr auch die Gerichtsbarkeit in seinem Herrschaftsbereich und hatte somit umfassenden Einfluss auf die dort lebenden Menschen. Alle Arten der Unfreiheit wurden auf die Kinder weitervererbt. Grundherrschaft und Leibherrschaft waren ursprünglich unterschiedliche Rechtsstände, verschmolzen aber im Laufe der Zeit. In manchen Regionen verbesserte sich im Verlauf des Mittelalters und der Frühen Neuzeit die Situation der Unfreien etwas, während sie sich zum Beispiel in Nordostdeutschland durch die Entwicklung der Gutsherrschaft verschärfte.

Das Leben in der Stadt

Eine Stadt unterschied sich im Mittelalter durch ihre Befestigungsmauer von den Dörfern. Das Stadtrecht garantierte den Bewohnern einen besonderen Rechtsstatus. Könige oder

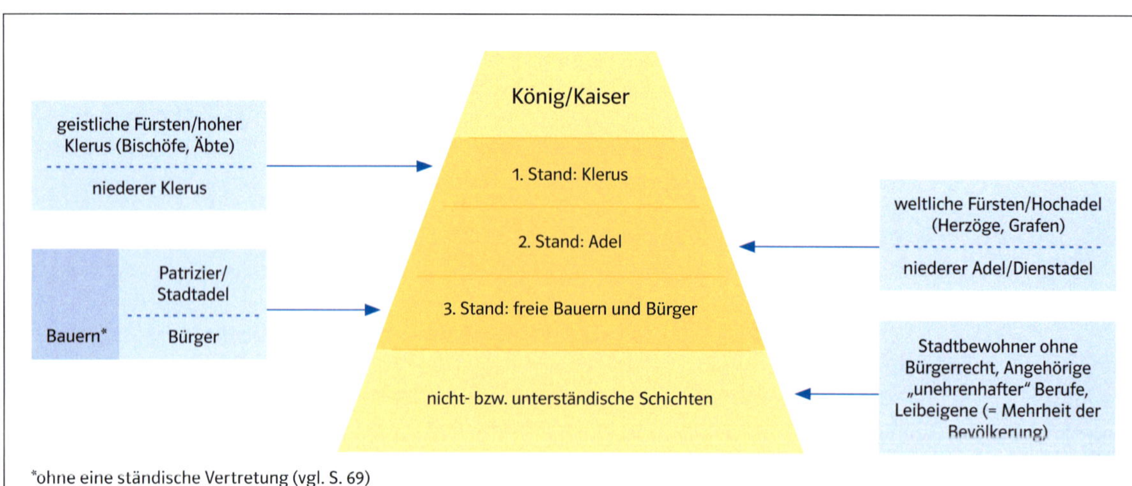

Ständeordnung

Fürsten verliehen den Bürgern bestimmte Freiheiten, z. B. einen Markt abzuhalten, sich mit einer Mauer zu schützen und sich mit Stadtrat und Bürgermeister selbst zu verwalten. Die Bürger waren persönlich frei und konnten sich eine selbstständige Existenz aufbauen. Oft war die Verleihung des Bürgerrechts aber an eine bestimmte Vermögensgrenze gebunden, sodass viele Stadtbewohner (z. B. Frauen, Gesinde, Arme) keine echten Bürger waren, im Gegensatz zu heute, wo der Begriff Bürger alle Angehörigen eines Staates umfasst. Ein wichtiges Kennzeichen der Stadt war das Marktrecht, das sie zum wirtschaftlichen Mittelpunkt des Umlandes machte. Es gab nur wenige große Städte, die meisten hatten eher ländlichen Charakter. In ihnen gab es auch Ackerbürger, die Felder im Umland bearbeiteten. Viele Städte waren einem Stadt- oder Landesherrn untergeordnet, erreichten aber trotzdem eine gewisse Selbstverwaltung.
Das Leben in der Stadt bot den Menschen Anreize, vor allem die Freiheit von der Grund- und Leibherrschaft. Konnte ein Leibeigener nachweisen, dass er ein Jahr und einen Tag in einer Stadt gelebt hatte, war er frei. Allerdings waren die Chancen hierfür in der Realität eher gering. Auch war die Lebenserwartung der Menschen in den Städten geringer als auf dem Land (Krankheiten, mangelnde Hygiene). Eine Armenfürsorge, die von manchen Städten, reichen Stiftern oder von Klostergemeinschaften in Form von Spitälern, Waisenhäusern oder Armenspeisungen unterhalten wurde, konnte nur wenig Abhilfe schaffen.

Die Reichsstädte

Eine besondere Stellung hatten die Reichsstädte. Das waren Städte, die von Königen oder Kaisern gegründet wurden und nur diesen zu Diensten und Abgaben verpflichtet waren. Dafür hatten sie auch besondere Rechte (z. B. eine eigene Gerichtsbarkeit, Einnahmequellen). Später erkämpften sich auch andere Städte die Verleihung der *Reichsunmittelbarkeit*. Neben den großen Reichsstädten wie Augsburg oder Nürnberg, die in Handel und Handwerk eine wichtige Rolle spielten, gab es auch eine Anzahl kleinerer Reichsstädte. Die Regierung der Stadt oblag zunächst der Oberschicht, den Patriziern (v. a. reiche Kaufleute, Handwerksmeister). Sie besetzten den Stadtrat und die führenden Ämter der Städte und grenzten sich gegenüber den einfachen Bürgern streng ab. Dies schlug sich beispielsweise in Kleiderordnungen nieder, die den Menschen vorschrieben, welche Stoffe, Farben und Schmuckstücke sie tragen durften. Weil auch die Handwerker in den Zünften die Geschicke der Stadt mitbestimmen wollten, kam es im 13. Jahrhundert oft zu Kämpfen zwischen den Patriziern und den Zünften.

Die Organisation des städtischen Handwerks in Zünften

Im Mittelalter schlossen sich in den Städten auch die Handwerker genossenschaftlich in *Zünften* zusammen, in denen zum Beispiel alle Tuchmacher der Stadt vereint waren. Sie kontrollierten die Anzahl der Mitglieder eines Handwerks (Meister, Gesellen, Lehrlinge), wodurch gewährleistet wurde, dass es nur eine begrenzte Konkurrenz und somit kein Überangebot an Waren gab. So hatte jeder Meister und seine Familie ein garantiertes Auskommen. Außerdem wurden schriftlich niedergelegte Zunftordnungen erlassen, in denen die Regeln des Handwerks (z. B. Ausbildung, Produktqualität, Arbeitszeiten, Preise) festgelegt waren. Die Lehrlinge und Gesellen lebten in der Regel im Haushalt des Meisters. Die Zünfte sahen sich als christliche Bruderschaften und organisierten in diesem Rahmen Feste und religiöse Feierlichkeiten. Auch erhielten Alte, Witwen, Waisen und Kranke unter ihren Mitgliedern Unterstützung. Auf lange Sicht wirkten sich die Zünfte allerdings als hinderlich aus: Innovationen und Wettbewerb wurden verhindert. Außerdem führte die Begrenzung der Meisterstellen dazu, dass viele Gesellen keine Chance hatten, ihr Handwerk selbstständig auszuüben, eine Familie zu gründen und das Bürgerrecht zu erwerben.

Die Sonderstellung der Juden

Einen besonderen rechtlichen Status hatten die Juden. Diese lebten seit der Antike verstreut in vielen Teilen der bekannten Welt, auch im Heiligen Römischen Reich. Von Anfang an wurden die Juden von den Christen als moralisch Schuldige am Tod Christi angesehen und deshalb nicht als gleichwertig anerkannt. So war ihnen verboten, Grundbesitz zu erwerben, weshalb sich viele Juden in den Städten ansiedelten. Dort wurde ihnen die Aufnahme in die Zünfte untersagt, sodass sie auch kein Handwerk ausüben konnten und auf Berufe ausweichen mussten, die von den Christen verachtet wurden oder ihnen aufgrund des religiösen Verbots der Zinsnahme untersagt waren (Pfandleihe, Trödelhandel oder Vergabe von verzinsten Krediten). Außerdem wurden die Juden aus vielen Gebieten immer wieder ganz ausgewiesen. Wenn sie an anderen Orten geduldet wurden oder als notwendige Kreditgeber („Kammerjuden“) sogar unter dem Schutz eines Herrschers standen, mussten sie diese Sicherheit häufig mit Geld erkaufen. Doch selbst solche Zahlungen bedeuteten oft keinen wirklichen Schutz vor Übergriffen.
Mit Beginn der Kreuzzüge (ab 1096) wurden die Juden verstärkt als „Irrgläubige“ angesehen. So kam es ab dem 11. Jahrhundert vermehrt zu Pogromen und Vertreibungen, zum Beispiel in den Städten im Rheinland, wo viele Juden lebten. Auch während der großen Pestepidemien (ab 1347) verstärkte sich der Judenhass. Es wurde behauptet, die Juden würden Hostien schänden, kleine Kinder schlachten oder Brunnen vergiften und damit Seuchen verursachen. Seit Mitte des 15. Jahrhunderts mussten Juden zwangsweise in eigenen abgeschlossenen Wohnbezirken, den sogenannten Gettos, leben. Gleichzeitig wurden Kleiderordnungen erlassen, die den Juden vorschrieben, aufgenähte gelbe Ringe oder Kreise auf der Kleidung zu tragen. Außerdem trugen fromme immer eine Kopfbedeckung. Als im 16. Jahrhundert die Juden erneut aus vielen Territorien ausgewiesen wurden, wanderten viele nach Osteuropa aus. Andere siedelten sich in ländlichen Gemeinden in den Gebieten an, wo ihnen einzelne Landadlige oder Fürsten dies gestatteten (z. B. in Franken oder in Bayerisch-Schwaben). So entstand im Heiligen Römischen Reich bis zum 17. Jahrhundert das sogenannte Landjudentum. Trotzdem litten die Juden auch hier unter Benachteiligungen (z. B. Beschränkungen bei der Anlage von Synagogen oder Friedhöfen, höhere Steuern). Ihren Lebensunterhalt verdienten sie häufig als Hausierer oder als Klein- und Zwischenhändler. Nur wenigen Juden gelang der Aufstieg als Bankiers der Fürsten. Erst mit der **Aufklärung** wurden viele Beschränkungen aufgehoben.

Bedrohungen für das Leben der Menschen

Die Menschen in der Frühen Neuzeit – egal ob in der Stadt oder auf dem Land – hatten unter einer Vielzahl von Bedrohungen zu leiden: Die Ernteerträge waren auch bei guten klimatischen Bedingungen niedrig. Bei Missernten aufgrund schlechter Witterungsverhältnisse kam es immer wieder zu Hungersnöten. Dies geschah zum Beispiel in den Jahren 1560–1574, als die Kälteperiode zwischen dem 15. und dem 19. Jahrhundert („Kleine Eiszeit“) mit extremen Kältewellen ihren Höhepunkt erreichte. Fiel die Ernte schlecht aus, so stiegen die Lebensmittelpreise und es kam zu einer allgemeinen Teuerung. Da es an einer geeigneten Infrastruktur fehlte, konnten keine Lebensmittel in größerem Umfang aus anderen Gegenden in die betroffenen Gebiete transportiert werden, sodass selbst regional begrenzte Hungersnöte nicht ausgeglichen werden konnten. In Gebieten, in denen nach dem Tod des Vaters nicht der älteste Sohn alles erbte, sondern der Grundbesitz unter allen erbberechtigten Kindern geteilt wurde (Realteilung), war die Situation besonders schlimm, weil der Boden in immer kleinere Parzellen aufgespalten werden musste, deren Ertrag für eine Familie nicht mehr ausreichte. So übten die Menschen als Nebenerwerb andere Berufe aus. Häufig arbeiteten sie auch für reiche Unternehmer, die „Verleger“, aus

nahe gelegenen Städten. Diese stellten Rohstoffe und Arbeitsgeräte (z. B. Webstühle) zur Verfügung und verkauften die Endprodukte zentral (Verlagswesen).
Durch Hunger und harte Lebensbedingungen geschwächt, wurden die Menschen auch häufig Opfer von Krankheiten. Insbesondere die Pest und ab dem 18. Jahrhundert die Pocken forderten zahllose Menschenleben, sogar in den Familien des Hochadels. Überhaupt waren die Menschen aufgrund mangelnder Hygiene und fehlender medizinischer Kenntnisse von Krankheiten bedroht. Die in den Städten errichteten Spitäler waren vor allem für die Versorgung von Alten und Mittellosen gedacht. Kranke wurden gepflegt, aber um eine echte medizinische Versorgung handelte es sich dabei nicht.
Eine starke Belastung stellten auch die Kriege dar. Durchziehende Heere ernährten sich von dem Land, und es bedeutete kaum einen Unterschied, ob die oft plündernden, brandschatzenden und vergewaltigenden Soldaten der eigenen oder der gegnerischen Seite angehörten. Sogar „einfache" Einquartierungen (die Unterbringung der Soldaten bei der Bevölkerung), Kriegssteuern oder erzwungene Lebensmittellieferungen bedeuteten für die betroffenen Bewohner massive Einschränkungen und Vermögensverluste. Im Gefolge der Soldatentrupps verbreiteten sich oft Seuchen.

Die Bedeutung der Religion
Gegen all diese Belastungen suchten die Menschen Trost und Hilfe in der Religion. Diese bestimmte mit ihrem Rhythmus aus Arbeits- und Feiertagen, Fasten- und Festzeiten den Ablauf des täglichen Lebens. Auch gab die Kirche strenge Regeln für das Verhalten der Menschen vor. Der hohe Klerus pflegte einen adeligen und oft verschwenderischen Lebensstil, viele der Pfarrer im späten Mittelalter waren hingegen nur schlecht ausgebildet und theologisch kaum versierter als ihre Gemeindemitglieder. Ihre Lebensweise unterschied sich kaum von der der Bauern. Gottesdienste und Predigten wurden in (häufig fehlerhaftem) Latein gehalten, sodass Laien auf die Bilder in den Kirchen als Informationsquelle angewiesen waren. Das tat aber der Volksfrömmigkeit keinen Abbruch, die sich in Wallfahrten, Votivbildern oder Stiftungen, aber auch in einem weitverbreiteten Aberglauben äußerte. Reformatoren wie Martin Luther versuchten zunächst eine innerkirchliche Reform dieser Missstände zu erreichen. Letztendlich konnten die Kirche und die Staatsgewalt diese protestantische Bewegung nicht mehr niederschlagen, wie es bei anderen Abspaltungen noch gelungen war. Die theologischen und politischen Auseinandersetzungen führten – zusammen mit anderen Belastungen (Krieg, Seuchen, Hungersnöte) – zu einer tiefen Verunsicherung im Kirchenvolk, die sich wahrscheinlich auch in den Hexenverfolgungen niederschlug, die ihren Höhepunkt in den Jahren 1560–1640 hatten.

Die Verfassung des Heiligen Römischen Reiches
Das Heilige Römische Reich Deutscher Nation war eine *Monarchie*. Allerdings setzte sich hier nicht, wie beispielsweise in England oder Frankreich, eine reine Erbmonarchie durch, sondern der deutsche König wurde von den Fürsten gewählt. Diese Abhängigkeit schwächte zusammen mit vielen anderen Faktoren (z. B. Kämpfe mit dem Papst, häufig wechselnde Dynastien, Doppelwahlen) die Position des deutschen Königtums. Andererseits war mit dem Amt des deutschen Königs seit dem Mittelalter auch die Würde des Kaisers verbunden. Dieser galt als höchster weltlicher Herrscher und Schutzherr des Christentums und der Kirche in der Nachfolge des weströmischen Kaisertums. Allerdings besaß der Kaiser keine zusätzliche Macht, obwohl er eine besondere Würde und theoretisch die Oberhoheit über das Abendland beanspruchte. Die im Mittelalter wichtige Krönung durch den Papst wurde in der Neuzeit nicht mehr durchgeführt.

Das Heilige Römische Reich Deutscher Nation nach 1648

Das Lehenswesen

Der deutsche Kaiser stand als oberster Lehensherr an der Spitze des *Lehenswesens*. Mit diesem Begriff bezeichnet man die besondere Herrschaftsstruktur im Mittelalter. Der König verlieh Land als Lehen an Vasallen, die ihm dafür Dienste leisteten. Zwischen *Lehensherrn* und *Kronvasall* bestand ein persönliches Treueverhältnis, das mit dem Tod endete. Das Lehen musste dann neu vergeben werden, der König konnte es nicht einbehalten (Leihezwang). Mit der Zeit wurde zudem üblich, dass der Sohn eines Kronvasallen dessen Lehen oder Amt erhielt. Seit 1232 war diese Regelung gesetzlich festgeschrieben. Die Macht des Königs war überdies dadurch geschwächt, dass die *Untervasallen* dem jeweiligen Kronvasallen und nicht dem König durch einen Eid verbunden waren.

Die Territorialisierung

Die Obervasallen/Fürsten erstrebten zunehmend die Unabhängigkeit vom König, und es kam immer wieder zu Konflikten. Im Laufe der Zeit setzten sie die Erblichkeit der Lehen durch, was den Einfluss des Königs schwächte, während die Fürsten ihre Position stärkten. Am einflussreichsten wurden die sieben *Kurfürsten*, die seit dem 14. Jahrhundert das alleinige Recht hatten, den König zu wählen: die Erzbischöfe von Mainz, Köln und Trier, der König von Böhmen, der Pfalzgraf bei Rhein, der Herzog von Sachsen und der Markgraf von Brandenburg. Im 17. Jahrhundert kamen zwei weitere Kurfürsten hinzu: der Herzog von Bayern und der Herzog von Braunschweig-Hannover. Königswahl und Stellung der Kurfürsten sind geregelt in der „Goldenen Bulle", dem bedeutendsten „Grundgesetz" des Heiligen Römischen Reiches.

Der Aufstieg der *Landesherren* sprengte die mittelalterlichen Herrschaftsstrukturen im Reich. Die zahlreichen großen, mittleren und kleinen Territorien entwickelten größere Selbstständigkeit. Die Fürsten verstanden sich nicht mehr als Inhaber von Lehen, sondern immer stärker als die „Besitzer" ihrer Herrschaftsgebiete. Sie bauten ihre früher von den Königen verliehenen Rechte aus und fassten die einzelnen Verfügungsgewalten über Land und Leute zusammen. Im Gegensatz zum Mittelalter, wo Herrschaft auf einem gegenseitigen, persönlichen Abhängigkeitsverhältnis zwischen Lehensherr und Vasall sowie auf einer Vielzahl von einzelnen Rechtsbefugnissen des Grundherrn über das Land und die darauf lebenden Unfreien basierte (Personenverbandsstaat), gründete sich die Landesherrschaft auf dem Staatsgebiet (Territorium) und dessen institutionalisierter Verwaltung. Diesen Umwandlungsprozess bezeichnet man als Territorialisierung.

Verschiedene Versuche, diese Entwicklung aufzuhalten und das Reich in Richtung auf eine starke kaiserliche Reichsgewalt zu reformieren, scheiterten. Es entstand bis ins 14. Jahrhundert sogar eine Mitregierung der Reichsstände: Die Kurfürsten sowie mehr als 300 weltliche und geistliche Fürsten, Grafen, Reichsritter und Abgesandte der Reichs- und Bischofsstädte bildeten die sogenannte Reichsstandschaft. Sie beschäftigten sich mit Reichsgesetzen und Reichssteuern, dem Heerwesen, der Entscheidung über Krieg und Frieden sowie anderen Staatsbelangen. Die Reichsstände stellten auch Truppenkontingente. Mit dem *Westfälischen Frieden* am Ende des **Dreißigjährigen Krieges** wurde zugleich die Zersplitterung in viele weitgehend unabhängige Territorien zementiert, obwohl das Heilige Römische Reich offiziell bestehen blieb.

Auf der Ebene der Territorien gelang es den Landständen, also Vertretern des Klerus, der Ritterschaft und der Städte sowie in manchen Gegenden auch der Bauern, Mitspracherechte zu erreichen. Sie vertraten auf Hof- oder Landtagen ihre Interessen gegenüber den Landesherren. Teilweise erhielten sie eigene ständische Rechte und wurden bei der Festlegung und Verwendung der Steuern gehört.

Ludwig XIV. (1638–1715), König von Frankreich (1643–1715)
Gemälde von Hyacinthe Rigaud, um 1701.

Der Absolutismus

Ein Vorbild für die umfassende Herrschaft des Fürsten war Frankreich. Dort setzte König Ludwig XIV. den **Absolutismus** durch, eine Staatsform, in der der Monarch die absolute (von allen Beschränkungen losgelöste) Macht besitzt. Der König stützt sich in seinen Entscheidungen auf teilweise bürgerliche Fachkräfte. Der Staat wird zentral verwaltet, das Leben der Bürger in vielen Bereichen überwacht und reglementiert. Der Adel ist somit weitgehend von der Regierung ausgeschlossen und nur noch zu Repräsentationszwecken am Hof versammelt. Die zentrale Rolle und die umfassende Macht des Königs zeigen sich in repräsentativen Bauten und einer prunkvollen Hofhaltung. Das Vorbild des „Sonnenkönigs" Ludwig XIV. versuchten nahezu alle Herrscher der Zeit nachzuahmen. Auch in Deutschland strebten die geistlichen und weltlichen Fürsten nach dem Ausbau ihrer Macht. Sie versuchten auch, das Leben ihrer Untertanen stark zu reglementieren.

Die sehr hohen, teilweise ruinösen Kosten der absolutistischen Hofhaltung mussten von den Untertanen erbracht werden. Um den hohen Geldbedarf der Monarchen zu decken, mussten die (Steuer-)Einnahmen des Staates erhöht werden. Dazu diente die staatlich gelenkte Wirtschaftspolitik des *Merkantilismus*. Deren Ziel war es, die Geldmenge im Land zu erhöhen, indem möglichst viele Güter ausgeführt und möglichst wenige (am besten nur Rohstoffe) eingeführt werden sollten. Auch wurden zur Förderung des einheimischen Gewerbes fachkundige Arbeitskräfte – oft aus dem Ausland – angeworben. Zur Herstellung der Fertigwaren wurden sogenannte *Manufakturen* errichtet. Dabei handelt es sich

um eine Vorform der Fabriken, in der Lohnarbeiter in Arbeitsteilung in großer Menge Massenware herstellen, allerdings in Handarbeit.
Unter dem Eindruck der philosophischen Strömung der **Aufklärung** begannen Herrscher wie König Friedrich II. von Preußen, sich nicht mehr nur als absolute Fürsten, sondern als oberste Diener des Staates als übergeordnetem Ganzen zu sehen. In diesem Sinne führten sie Reformen durch, die einer vernünftigen Staatsführung dienen sollten. Dabei ging es jedoch nicht darum, die Untertanen an der Staatsmacht zu beteiligen. Auch aufgeklärte Herrscher führten Kriege zum Wohl ihres Staates, das heißt zur Ausdehnung des Staatsgebietes und des Einflusses seines Regenten. Nur in England gelang es in der Glorious Revolution (1688/89) mit der Durchsetzung der Bill of Rights, die Mitbestimmung des Parlaments als Träger der Staatssouveränität zu erreichen. So entstanden die Anfänge der noch heute in Großbritannien vorhandenen parlamentarischen Monarchie.

Kriege und Konflikte im Reich und in Europa

Die politischen und religiösen Entwicklungen während der Frühen Neuzeit waren die Ursache für eine Vielzahl von Konflikten innerhalb des Heiligen Römischen Reiches, die letztendlich dazu beitrugen, die Stabilität des Reiches und die Durchsetzungskraft des Kaisers zu mindern:
- Auseinandersetzungen zwischen katholischem König/Kaiser und protestantischen Reichsständen, zwischen Katholiken und Protestanten,
- Durchsetzung der Landesherrschaft der einzelnen Fürsten gegen die Zentralherrschaft des Kaisers und gegen die Mitglieder des Landadels (auch Reichsritter),
- Proteste und Aufstände der Bauern gegen Versuche der Grundherren, zusätzliche Abgaben und Dienste einzufordern und ihre Rechte auf die Allmende auszuweiten,
- Kampf der Städte um Erlangung oder Erhalt der Reichsunmittelbarkeit,
- Konflikte innerhalb der Städte zwischen den Zünften und dem Patriziat um die Führungsrolle.

Aber auch auf europäischer Eben kam es zu zahlreichen, oft militärisch ausgetragenen Kontroversen:
- Kriege verschiedener Mächte um Gebietserwerb und um die Vorherrschaft in Europa (Hegemoniestreben),
- Kämpfe zur Abwehr der bis nach Europa vordringenden Heere des Osmanischen Reiches (Türkenkriege),
- Kriege um die Erbfolge beim Aussterben der männlichen Linie einer regierenden Dynastie (Erbfolgekriege).

Im Verlauf von Spätmittelalter und Früher Neuzeit änderte sich die Kriegführung grundlegend. Der Einsatz der mittelalterlichen Ritterheere und der Bogenschützen war mit der Verbreitung von Schusswaffen und der Einführung von Kanonen hinfällig geworden. Das Ende des ritterlichen Kampfes hatte auch den Status der Adligen als berittene Kämpfer bedeutungslos werden lassen. Stattdessen wurden bunt zusammengewürfelte Söldnertrupps jeglicher Nationalität oder Religion angeworben, die gegen Bezahlung kämpften. Ihre Feldherren waren eigentlich eher Kriegsunternehmer, die ihre Kontingente dort einsetzten, wo der Gewinn am größten erschien. Wenn – was häufig geschah – der Sold nicht oder nicht rechtzeitig gezahlt wurde, desertierten viele der Söldner oder wechselten die Seiten. Durch Raub oder Plünderungen hielten sie sich an der Bevölkerung schadlos. Den Heeren folgte ein umfangreicher Tross, der nicht nur aus Händlern oder Prostituierten, sondern auch aus den Frauen und Kindern der Soldaten bestand. Im 18. Jahrhundert bauten die absolutistischen Herrscher *stehende Heere* auf: Kasernierte Berufssoldaten mit

Frühe Neuzeit
- vorindustrielle Lebenswelt
- überwiegend agrarische Wirtschaft, Dorf als zentraler Lebensraum
- Feudalsystem
- monarchische Staatsverfassung, aber dezentral organisiert
- Personenverbandsstaat
- durch die Kirche/Religion dominierte Kultur

→

19. Jahrhundert
- Beginn und Ausbildung der Industrialisierung
- steigende Bedeutung der Stadt als Lebens- und Arbeitswelt, Erweiterung des Horizonts
- Auflösung der Vorstellung von festgelegten Ständen
- Ausbildung des zentralistischen modernen Staats
- Territorialstaat
- Entwicklung einer tendenziell säkularen Kultur

Gesellschaft im Wandel

gleicher Bewaffnung und Uniform dienten für einen festen Sold. Sie wurden streng gedrillt und in festgelegten Aufstellungen in die Schlacht geschickt. Auch wurde begonnen, die Versorgung der Truppen (zumindest mit Munition) zu organisieren, sodass nicht mehr der gesamte Bedarf aus dem Umland der Schlachten gedeckt werden musste. In den Heeren der absolutistischen Fürsten ergab sich für Adlige die Gelegenheit, als Offiziere einem standesgemäßen und aus ihrer Sicht ehrenhaften „Beruf" nachzugehen.

Die Entwicklung in Bayern

Bevor das bayerische Staatsgebiet im Gefolge der napoleonischen Veränderungen in Europa aus einer ganzen Reihe kleinerer und größerer Gebiete zusammengefasst wurde, gab es hier eine Vielzahl verschiedene Herrschaften. Im heutigen Schwaben und Franken existierten geistliche Gebiete (z. B. Fürstbistum Augsburg, Fürstabtei Kempten, Fürstbistum Würzburg), zahlreiche Reichsstädte (z. B. Augsburg, Nürnberg, Regensburg), sowie kleinere Adelsherrschaften und einige habsburgische Gebiete. Die Lebensumstände der jeweiligen Bewohner unterschieden sich dabei durchaus in vielerlei Hinsicht (z. B. unterschiedliche Rechtssysteme, Steuergesetze). Der größte zusammenhängende Landkomplex war das seit 1180 von den Wittelsbachern regierte Herzogtum Bayern (ab 1623 Kurfürstentum). Zwischen 1255 und 1503 gab es mehrmals Landesteilungen zwischen verschiedenen Linien der Familie (bis zu acht). Die daraus entstehenden Konflikte schwächten die Macht der Wittelsbacher gegenüber ihren Nachbarn. Auch konnten die Landstände Mitspracherechte sichern. Herzog Albrecht IV. gelang es, das Herzogtum unter seiner Herrschaft zu vereinigen und setzte durch ein Hausgesetz die Unteilbarkeit des Herzogtums und die *Primogeniturregelung* (erstgeborenener Sohn als alleiniger Erbe) für seine Dynastie fest. In der Zeit der Konfessionsstreitigkeiten standen die bayerischen Herzöge auf der Seite der *Gegenreformation*. So wurden zum Beispiel 1571 alle Angehörigen des lutherischen Bekenntnisses des Landes verwiesen. Auch im **Dreißigjährigen Krieg** kämpfte Bayern mit der Katholischen Liga und dem Kaiser gegen die protestantischen Fürsten. Dafür erhielt der Herzog im Kriegsverlauf die Kurwürde verliehen und durfte die eroberte Oberpfalz behalten. Die Kurfürsten Maximilian II. Emanuel und sein Sohn Karl Albrecht regierten Bayern als absolutistische Herrscher. Max Emanuel war durch seine Erfolge im Krieg gegen die Osmanen in ganz Europa bekannt, und Karl Albrecht errang sogar die Kaiserwürde. Allerdings wurde Bayern durch die Machtpolitik dieser beiden Fürsten in Erbfolgekriege verwickelt und sogar zwei Mal (1704–1714 und 1742–1744) von österreichischen Truppen besetzt. Als 1777 die bayerische Linie des Hauses Wittelsbach ausstarb, trat Kurfürst Karl Theodor von der Pfalz das Erbe an, musste dieses jedoch im Bayerischen Erbfolgekrieg mit der Hilfe Preußens gegen Österreich verteidigen. Sein Nachfolger Maximilian Joseph (ab 1799) verbündete sich mit Napoleon und wurde 1806 zum ersten *König von Bayern*.

Maximilian I. Joseph (1756–1825), König von Bayern (1806–1825)
undatiertes Gemälde.

Klausuraufgaben

Die langfristige Bevölkerungsentwicklung von Stadt und Amt Arnstein, zusammengestellt aus den Erbhuldigungsbüchern der Fürstbischöfe von Würzburg:

Jahr	Anzahl der Einwohner von Stadt Arnstein	Anzahl der Einwohner von Amt Arnstein
1574	rd. 857	rd. 4675
1617	rd. 698	rd. 5656
1623	rd. 565	rd. 5321
1631	–	rd. 5400
November 1634	–	rd. 2250
1699	–	rd. 4612
1720	rd. 984	rd. 5548
1725	rd. 1283	rd. 6570

Zit. nach: Ottmar Seuffert: Arnstein und der Werngrund. Würzburg 1990, S. 454 f.

a) Untersuchen Sie anhand der vorliegenden Statistik die demografische Entwicklung in der Stadt Arnstein und ihrem Umland (Amtsbezirk). Das Gebiet gehörte zum Fürstbistum Würzburg.
b) Stellen Sie dar, durch welche Faktoren das Leben der Menschen in der Frühen Neuzeit bedroht war.
c) „Die Zustände in der Frühen Neuzeit entsprachen denen in den heutigen Entwicklungsländern!"
Beurteilen Sie mithilfe des folgenden Lexikonartikels, ob diese Aussage zutrifft.

Entwicklungsländer

Sammelbegriff für Länder, deren (wirtschaftlich-technischer) Entwicklungsstand und der damit verbundene (soziale) Lebensstandard (sehr) niedrig ist. Der Begriff stammt aus den 1950er-Jahren und beurteilt den Entwicklungsstand (u. a. hohe Analphabetenquote, hohe Arbeitslosenquote, mangelhafte Infrastruktur, Monokultur, mangelhafte Kapitalausstattung) und den Lebensstandard (Massenarmut, Unterernährung etc.) der E. aus Sicht der Industrienationen. 1970 wurden von den Vereinten Nationen für E. die Begriffe „weniger entwickelte Länder" (Less Developed Countries, LDC) und „am wenigsten entwickelte Länder" (Least Developed Countries, LLDC) eingeführt.

Quelle: Schubert, Klaus/Martina Klein: Das Politiklexikon. 4., aktual. Aufl. Bonn: Dietz 2006; zitiert nach: http://www.bpb.de/nachschlagen/lexika/politiklexikon/17410/.

1.2 Leben in der Industriegesellschaft des 19. Jahrhunderts

Wichtige Daten zur Orientierung

um 1760	Beginn der industriellen Revolution in England
1799–1817	Reformen in Bayern durch Minister Maximilian von Montgelas, Beginn der Entwicklung Bayerns zu einem modernen Staat
1814/15	Wiener Kongress: Neuordnung Europas, Versuch einer Rückkehr zur vorrevolutionären Ordnung
1832	Hambacher Fest: größte politische Massenveranstaltung der Vormärzzeit; Forderungen der Teilnehmer: Freiheit, Einheit und Demokratie
1834	Gründung des Deutschen Zollvereins
1848/49	Revolution in mehreren europäischen Staaten (z. B. Frankreich, Deutscher Bund, Polen)
1871	Gründung des Deutschen Kaiserreiches
1878–1890	Geltung der Sozialistengesetze
1883–1889	Einführung staatlicher Sozialgesetzgebung unter Bismarck
1914–1918	Erster Weltkrieg
1917	Kriegseintritt der USA, russische Revolutionen

Grundbegriffe aus der Mittelstufe

Deutscher Bund: Der Deutsche Bund ist ein auf dem Wiener Kongress 1815 gegründeter Staatenbund aus 35 souveränen Fürstentümern und vier freien Städten. Preußen und Österreich waren als größte Staaten nur mit ihren deutschen Gebieten beteiligt. Mitglieder waren auch fremde Herrscher wie die Könige von Großbritannien als Fürsten von Hannover.

Deutsches Kaiserreich: Als Deutschland nach dem Krieg gegen Frankreich 1870/71 im Deutschen Reich geeint wurde, erhielt es die Form einer konstitutionellen Monarchie. Diese bestand bis zum Ende des Ersten Weltkrieges 1918.

Industrielle Revolution: Der Einsatz von Kraft- und Arbeitsmaschinen führte zu einer enormen Steigerung von Energie und Produktivität. Die handwerkliche Güterherstellung wich der billigen Massenproduktion. Die Arbeit musste in Fabriken nach dem Tempo der Maschinen verrichtet werden. Alle Lebensbereiche waren einem raschen Wandel unterworfen. Als industrielle Revolution bezeichnet man die sehr schnell verlaufende Anfangsphase der Industrialisierung. Seit dem 18. Jahrhundert verbreitete sich diese von England aus.

Liberalismus: Der Liberalismus ist eine politische Bewegung, die sich aus den Gedanken der Aufklärung entwickelt hat. Die Vertreter des Liberalismus fordern die Freiheit und Selbstbestimmung des Individuums. Sie wenden sich gegen die staatliche Bevormundung der Bürger und gegen die Privilegien des Adels.

Sozialismus: Darunter versteht man eine Gesellschaftsordnung, in der Kapital und Produktionsmittel, also Grund und Boden, Maschinen und Fabriken, sich in Gemeineigentum und nicht mehr im Privateigentum befinden. Die Gewinne gehören nicht mehr den privaten Unternehmen, sondern stehen der Gesellschaft zum allgemeinen Nutzen zu. Der Sozialismus wurde auch als Durchgangsphase zum Kommunismus, der klassenlosen Gesellschaft, verstanden.

Basiswissen der Oberstufe

Otto von Bismarck (1815–1898), deutscher Reichskanzler (1871–1890)
Foto, nach 1870.

Kennzeichen der Epoche

In der Geschichtswissenschaft sprechen manche Forscher vom „langen 19. Jahrhundert", weil in den Jahren zwischen 1789 und 1914–1918 zahlreiche Umbrüche vonstattengingen, die zu einer Gesamtentwicklung gehören. Diese Zeit markiert den Übergang von einer in ihren Grundzügen eigentlich noch mittelalterlichen Wirtschaftsweise und Gesellschaft in die Moderne. Politisch gesehen setzte sich das *nationalstaatliche Prinzip* in Europa durch. In der Revolution von 1848, die in vielen europäischen Staaten aufflammte, zeigte auch die deutsche Bevölkerung, dass sie sich einen Nationalstaat wünschte. Dieser entstand mit dem **Deutschen Kaiserreich** jedoch erst nach den Einigungskriegen (1864–1870) durch eine Vereinbarung der deutschen Fürsten. Der führende Politiker bis 1890 war dabei Otto von Bismarck. Unter seiner Kanzlerschaft erlebte Deutschland eine Reihe innerer Konflikte (Sozialistengesetze, Kulturkampf), aber auch den Aufstieg zu einer der führenden Mächte in Europa.
In einer zweiten Welle der Kolonisierung (nach der ersten im 16. bis 17. Jahrhundert) unterwarfen die europäischen Großmächte, die USA und Japan fast ganz Afrika sowie Teile Asiens und errichteten dort Kolonialreiche *(Imperialismus)*. Der Konkurrenzkampf der europäischen Staaten mündete schließlich in die „Urkatastrophe des 20. Jahrhunderts", den **Ersten Weltkrieg**.
Geistesgeschichtlich setzten sich als späte Folgen der Aufklärung *Säkularisation* (s. u.) und Rationalisierung in Gesellschaft und Staat immer mehr durch, liberale und demokratische Ideen verbreiteten sich, obgleich sie in vielen Staaten erst nach dem Ersten Weltkrieg durchgesetzt werden konnten. Die Industrialisierung führte im 19. Jahrhundert zu einer grundlegenden Veränderung der Produktion, des Handels sowie des gesamten Wirtschaftssystems, aber auch zu einem demografischen Wandel. Die Stadt wurde zum zentralen Lebensraum, viele Menschen zogen vom Land in die Stadt, wo sie unter teilweise unwürdigen Bedingungen lebten *(soziale Frage)*. Der Adel verlor sukzessive seine Sonderstellung, das Bürgertum nahm an Bedeutung zu, sodass man von einem „bürgerlichen Zeitalter" spricht. Bildung und Wissenschaft wurden auch breiteren Gesellschaftsschichten zugänglich, ihre Errungenschaften verbesserten die Lebensbedingungen.

Veränderungen im Gefolge der Französischen Revolution

Die Revolution in Frankreich (1789) sowie der Aufstieg Napoleons und dessen Siegeszug durch Europa hinterließen auch in Deutschland seine Spuren. Nach dem auch für die deutschen Länder geltenden Frieden von Lunéville erhielt Frankreich linksrheinische Gebiete, die ursprünglich zum Reich gehört hatten. Die von diesen Verlusten betroffenen deutschen Fürsten sollten dafür entschädigt werden. Im *Reichsdeputationshauptschluss* von 1803 wurde deshalb festgelegt, dass kirchliche Herrschaften enteignet und aufgelöst *(Säkularisation)* sowie kleinere, bis dahin reichsunmittelbare weltliche Herrschaften (fast alle Reichsstädte, die Reichsdörfer, Reichsgrafschaften und Reichsritterschaften) benachbarten Landesherren unterstellt wurden *(Mediatisierung)*. Diese territorialen Abfindungen für die Fürsten übertrafen an Größe häufig deren linksrheinische Verluste. Vor allem Bayern, Preußen, Baden und Württemberg profitieren von den Veränderungen, von denen ungefähr drei Millionen Menschen betroffen waren. Durch das Verschwinden vieler reichsunmittelbarer Reichsstände verlor der Kaiser an Rückhalt. Er nahm vorsorglich den Titel eines österreichischen Kaisers an, um einem Standesverlust zuvorzukommen. Als 1806 der mit Frankreich verbündete „Rheinbund" gegründet wurde, dessen 16 Mitglieder (auch Bayern) aus dem Reich austraten, legte der Kaiser auf Druck Napoleons die Krone nieder, womit das Heilige Römische Reich Deutscher Nation erlosch.

In den folgenden Jahren veränderten die Siege Napoleons Europa. Erst als er 1813 nach dem erfolglosen Russlandfeldzug (1812) von einer Koalition besiegt und verbannt wurde, versuchten die europäischen Fürsten, auf dem *Wiener Kongress* 1814/1815 die vorrevolutionären Zustände auf dem Kontinent wiederherzustellen, gleichzeitig eine Gleichgewichtspolitik zu betreiben und die Staaten, die von Napoleons Herrschaft profitiert oder darunter gelitten hatten, gleichermaßen zufriedenzustellen. Auf dem Boden des früheren Heiligen Römischen Reiches Deutscher Nation entstand der **Deutsche Bund**, ein locker gefügter Staatenbund aus 35 innenpolitisch souveränen Fürstenstaaten und vier Freien Städten. Die wichtigsten Mächte darin waren das Kaisertum Österreich, das den Vorsitz des Bundes innehatte, und das aufstrebende, militärisch starke Königreich Preußen.

Reformen in Bayern

Auch das Kurfürstentum Bayern (ab 1806 Königreich) hatte von den Gewinnen durch Mediatisierung und Säkularisation profitiert. Zu den altbayerischen Territorien kamen zahlreiche Gebiete in Franken und Schwaben hinzu. Die Bevölkerung dieser neubayerischen Gebiete unterschied sich voneinander wie auch von der in den altbayerischen Landstrichen in vielen Bereichen: Konfession, Mentalität, Bürgerstatus, Steuer- und Rechtssystem. Um diese Unterschiede einzuebnen, aber auch um die stets knappen Staatsfinanzen aufzubessern und um eine Revolution zu verhindern, wurden unter Leitung des Ministers Maximilian von Montgelas umfangreiche Reformen („Revolution von oben") durchgeführt, die aus Bayern einen (für damalige Zeiten) modernen Staat nach französischem Vorbild machten. Durch verschiedene Maßnahmen (z. B. Übernahme der Schulaufsicht durch den Staat, rechtliche Gleichstellung der Konfessionen) wurde der Einfluss der katholischen Kirche etwas eingedämmt. Eine Verwaltungsreform (Einführung von Fachministerien, Reform des Beamtentums mit Leistungsprinzip in der Verwaltung, Unterteilung des Staates in Verwaltungseinheiten) ermöglichte eine effektivere Organisation des Staates. Mit der Vereinheitlichung von Maßen, Gewichten und Währung, der Abschaffung der Binnenzölle und des Zunftzwanges entstand ein einheitlicher Wirtschaftsraum. Hinzu kamen die Einführung der allgemeinen Schulpflicht und der Wehrpflicht sowie die Abschaffung von Adelsprivilegien. Diese Reformen fasste die *erste bayerische Verfassung („Konstitution" von 1808)* zusammen. Darin wurden außerdem die Gesetzgebung vereinheitlicht und die Reste der Leibeigenschaft abgeschafft.

Reformen im Deutschen Bund

Ähnliche Reformen wurden auch in anderen deutschen Staaten durchgeführt, teilweise unter ähnlichen Vorzeichen wie in Bayern. Zudem zeigte Napoleon ein Interesse daran, dass die mit ihm verbündeten Staaten sich nach dem französischen Vorbild modernisierten. In Preußen waren Reformen unter der Leitung des Freiherrn vom Stein und des Fürsten von Hardenberg das Ergebnis der Niederlage gegen Napoleon, bei der das Land fast die Hälfte des Staatsgebietes verloren hatte. So waren die reformerischen Maßnahmen vor allem Ausdruck des Willens, wirtschaftlich und militärisch wieder zu erstarken und im Kampf gegen die napoleonische Fremdherrschaft erneut zu den Großmächten zu gehören. Nach dem Wegfall der Bedrohung durch Napoleon ließen die deutschen Fürsten in ihren Staaten Maßnahmen durchführen, die dem wirtschaftlichen Aufschwung dienen sollten. So versuchte man, den Binnenhandel durch den Abbau von Zollschranken zu stärken (Gründung regionaler Zollvereine, 1834 des *Deutschen Zollvereins*). Außerdem verbesserte man die Infrastruktur (Bau von Kanälen und Straßen, Ausbau des Eisenbahnnetzes). Die Errichtung von Gewerbeschulen oder technischen Hochschulen diente der Forschung und der Ausbildung qualifizierter Kräfte. Mit dem Erlass von Patentgesetzen sollten Erfinder geschützt werden und indem der Staat die Gründung neuer Banken (z. B. Bayerische

Hypotheken- und Wechselbank) förderte, sollte Kapital zum Beispiel für Unternehmensgründungen zur Verfügung stehen. Politische Reformen wurden hingegen kaum durchgeführt, meist dienten sie nur dem Zweck, Revolutionen zu verhindern.

Die Auswirkungen der Reformen

Die von den Regierungen der einzelnen deutschen Staaten durchgeführten Reformen bewirkten in vielerlei Hinsicht eine Veränderung des Lebens: Die Abschaffung der Leibeigenschaft, die in den ostelbischen Gebieten Preußens noch viel stärker vorhanden war als zum Beispiel in Bayern, erlöste die Menschen von der Schollenbindung. Sie konnten nun Beruf und Wohnort frei wählen und mussten nicht mehr den Gutsherrn um Heiratserlaubnis bitten. Auch die Gerichtsbarkeit der Adligen wurde abgeschafft. Zum Ende der Grundherrschaft (in Bayern vollständig erst 1848) konnten die Bauern in den meisten Fällen den von ihnen bisher bewirtschafteten Boden übernehmen, mussten dafür aber finanzielle Entschädigung leisten oder Teile des Grundes abtreten. Auch für den Wegfall der Dienste und Abgaben an den Grundherrn sollten die Bauern Ablöse zahlen. Diese Zahlungen konnten etliche der ärmeren Bauern jedoch kaum leisten, oft waren ihre Höfe auch zur Erwirtschaftung des Unterhalts zu klein. So verschuldeten sich viele und mussten letztendlich ihr Land an den ehemaligen Grundherrn oder reichere Bauern verkaufen. Daher schlug sich ein Großteil der ärmeren Landbevölkerung als Landarbeiter durch. Deren Lebensverhältnisse verschlechterten sich also durch die Reformen und nahmen ihnen die Sicherheit, die vorher durch die *Grundherrschaft* noch gegeben war.

Auch in den Städten wirkten sich die Reformen aus. Bisher hatten zünftische Handwerker ungefähr die Hälfte aller verkauften Produkte hergestellt. Die strenge Gewerbekontrolle der Zünfte wurde nun aufgehoben. Durch den Wegfall von Einschränkungen für die meisten Berufsgruppen (außer z. B. für Ärzte, Apotheker, Bauunternehmer, Gastwirte) erweiterte sich die Zahl der Produktionsstätten. Mit der steigenden Anzahl von Fabriken wuchs die Konkurrenz ebenfalls, was für eine Anzahl von Handwerkern und Gewerbetreibenden in bestimmten Bereichen (Textilherstellung, Metallverarbeitung) zu starken Umsatzeinbußen und einem sinkenden Lebensstandard führte. Trotzdem ermöglichte die Einführung der Gewerbefreiheit längerfristig gesehen eine Umstrukturierung des Handwerks. Auch die für Handwerksgesellen und -lehrlinge geltenden Heiratsverbote fielen weg. Somit gab es hier größere Freiheiten in der persönlichen Lebensgestaltung. Diese hatten jedoch auch Nachteile. Denn soziale Sicherungen durch die Zünfte gingen verloren. Außerdem war die Kirche, bedingt durch die Säkularisation, in vielen Bereichen der Fürsorge weniger präsent. Somit bedeutete die neue Freiheit auch eine wachsende Verantwortung des Einzelnen.

Die Verringerung der Bedrohungen durch Krieg, Seuchen und Hunger

Nachdem die napoleonische Herrschaft durch ein Zusammenwirken vieler europäischer Staaten beendet worden war, war das 19. Jahrhundert durch längere Friedensphasen gekennzeichnet. Nach dem *Wiener Kongress* gab es für mehrere Jahrzehnte keine größeren kriegerischen Auseinandersetzungen in Mitteleuropa mehr. Zwar bedeutete die *Revolution von 1848/1849* in mehreren Staaten eine starke innenpolitische Beunruhigung, die teilweise zu bürgerkriegsartigen Erhebungen führte, doch wurde der Friede durch die staatliche Reaktionspolitik, die auf den Erhalt der bestehenden Zustände abzielte, bald wiederhergestellt. Auch die Kriege im Vorfeld der deutschen Reichsgründung waren zeitlich und vom Unfang her begrenzt im Vergleich zu den frühneuzeitlichen Kriegen einerseits und den beiden Weltkriegen des 20. Jahrhunderts andererseits.

Die verbesserte medizinische Versorgung führte zu einer Abnahme der Gefährdungen durch Epidemien. Erkenntnisse über die Bedeutung der Hygiene und Fortschritte in der medizinischen Forschung wurden verstärkt umgesetzt. Ebenso konnte durch die Verbesserung der Infrastruktur auf das regionale Auftreten von Missernten reagiert und Lebensmittel aus nicht betroffenen Gebieten herbeigeschafft werden.

Die wachsende Armut

Trotz dieser grundsätzlichen Verbesserungen entwickelte sich die Lage der Unterschichten zum Schlechteren. Zum einen wuchs die Bevölkerung aufgrund der verbesserten Hygiene (sinkende Sterberate bei noch gleichbleibend hoher Geburtenrate) als Ganzes, zum anderen hatten die Reformen vor allem den Ärmeren geschadet. Kleinbauern hatten sich verschuldet, die steigende Anzahl der Lohnarbeiter arbeitete für immer niedrigere Löhne, sodass die Gruppe derer, die um ihren Lebensunterhalt kämpfen musste, sich stark vergrößerte. Die Industrialisierung kam in Deutschland zu diesem Zeitpunkt noch zu langsam voran, sodass sich ihr Arbeitskräftebedarf zunächst kaum auswirkte. Viele Menschen versuchten, durch Heimarbeit im Verlagssystem Geld zu verdienen, doch die Konkurrenz billiger, bereits maschinell vor allem in England hergestellter Erzeugnisse (v. a. Textilien) machte auch diese Arbeit unrentabel. Hinzu kam, dass traditionelle Versorgungssysteme (Grundherr, klösterliche oder gemeindliche Armenfürsorge) entfielen oder durch das Anwachsen der unteren Schichten zunehmend überfordert waren. Die Armut wurde in der ersten Hälfte des 19. Jahrhunderts zu einem Massenphänomen *(Pauperismus)*. Altbayern blieb hiervon aufgrund der langsameren Durchführung der Reformen weitgehend verschont. Ein Teil der Menschen versuchte, den schlechten Lebensumständen durch *Auswanderung* zu entfliehen (z. B. in die USA oder nach Russland). Viel mehr Besitzlose jedoch zog es vom Land in die wachsenden deutschen Städte *(Landflucht)*, wo sie auf bessere Lebensbedingungen hofften.

Das Fortschreiten der Industrialisierung

Im Vergleich zu England hatte Deutschland für die Industrialisierung eine schlechte Ausgangslage. Die Binnenlage des Landes führte zusammen mit dem gering ausgebildeten Überseehandel, der mangelnden Infrastruktur und dem Fehlen von Kolonien (Rohstoffvorkommen) zu ungünstigen Startbedingungen. Hinzu kamen die staatliche Zersplitterung und eine gewisse wirtschaftliche Rückständigkeit. Doch staatliche Maßnahmen und Wirtschaftsförderung (Vorreiter Preußen) in der ersten Jahrhunderthälfte bauten viele Hindernisse für die Industrialisierung in Deutschland ab. Auch stellte das Bevölkerungswachstum, verbunden mit der Landflucht, genügend Arbeitskräfte zur Verfügung. Das nötige Kapital stand durch die Verbreitung von Aktiengesellschaften, aber auch durch französische Kriegsentschädigungen nach dem deutsch-französischen Krieg 1870 zur Verfügung. So setzte sich zwischen 1840 und 1870 in ganz Deutschland die **industrielle Revolution** durch. Leitsektoren waren Eisenbahnbau und Schwerindustrie sowie in deren Gefolge Montanindustrie und Maschinenbau. Die Produktion wurde rationalisiert, indem man den Herstellungsvorgang in kleine Arbeitsschritte unterteilte. Jeder Arbeiter erledigte immer nur bestimmte Abläufe, was die Geschwindigkeit erhöhte und Massenproduktion ermöglichte. Bahnbrechend in dieser Hinsicht war die Erfindung des Fließbandes. Bis zum Ende des Jahrhunderts entwickelte sich Deutschland zu einer Industrienation, die den Rückstand gegenüber den anderen europäischen Staaten aufgeholt hatte.

Das städtische Leben zur Zeit der Industrialisierung

Mit dem Anstieg der industriellen Produktion arbeiteten immer mehr Menschen nicht mehr in der Landwirtschaft, sondern in Fabriken, die bevorzugt in Städten angesiedelt wurden, wo es eine gute Infrastruktur und genügend Arbeitskräfte gab *(Urbanisierung)*. Dadurch änderte sich das Stadtbild. Die traditionellen Stadtkerne, die oft noch von mittelalterlichen Mauerresten umschlossen waren, boten keinen Platz mehr. Häufig wurden die mittlerweile unnötigen Verteidigungsanlagen durch Prachtstraßen mit repräsentativen öffentlichen und privaten Bauten ersetzt. An der Peripherie wuchsen Wohnviertel und Fabrikanlagen. Nahe liegende kleinere Ortschaften wurden als Vororte eingemeindet. Zum Transport dienten Pferde-, später auch elektrische Straßenbahnen. Im Gefolge der *Industrialisierung* wurde die Stadt immer mehr zum Lebensraum für eine Mehrzahl der Bevölkerung. Zunächst zogen vor allem junge Menschen auf Arbeitssuche und wegen der besseren Lebensbedingungen in die Städte. Abgeschnitten von ihren Familien und der gewohnten dörflichen Lebensgemeinschaft fühlten sich viele entwurzelt. In der Anonymität der Großstadt fehlte die soziale Kontrolle durch ein bekanntes Umfeld. Der steigende Bedarf an billigen Wohnungen führte zum Bau sogenannter Mietskasernen. Diese mehrstöckigen Häuser wurden um kleine Hinterhöfe herumgebaut, wobei versucht wurde, auf möglichst engem Raum viele Wohnungen unterzubringen. Diese waren häufig klein, dunkel und kaum beheizbar, sanitäre Anlagen gab es – wenn überhaupt – zu wenige. Entsprechend waren die hygienischen Verhältnisse sehr schlecht. Wer es sich leisten konnte, wohnte in den vornehmeren Vierteln. Diese boten oft Kanalisation, Trinkwasserversorgung, Gasbeleuchtung und elektrischen Strom.

Die Entstehung der sozialen Frage

Viele Menschen arbeiteten als Lohnarbeiter in den neu entstehenden Fabriken. Ihre Zahl stieg von 25 Prozent aller Erwerbstätigen im Jahre 1849 bis auf 75 Prozent (1907). Bei ihnen wurde unterschieden zwischen besonders ausgebildeten Spezialisten, Facharbeitern und ungelernten Kräften. Letztere bildeten die Masse der Arbeiter *(Proletariat)*. Sie waren meist ohne Eigentum und arbeiteten für Hungerlöhne unter schlechten Bedingungen. Oft mussten die Arbeiter Lärm und Hitze oder Kälte in den Fabrikhallen ertragen. Die Arbeit war schmutzig, körperlich sehr anstrengend, eintönig und häufig gesundheitsschädlich. Arbeitsschutzmaßnahmen gab es nur selten. Da es einen Überschuss an Arbeitskräften gab, drohten schnell Lohnkürzungen oder Kündigung, wenn die Arbeiter den Anforderungen an Pünktlichkeit, Tempo oder Sorgfalt nicht genug nachkamen. Krankheitstage konnte man sich kaum leisten. Wegen der geringen Löhne konnten die Arbeiter keine Rücklagen bilden, fast immer mussten alle Familienmitglieder, auch die Kinder, zum Lebensunterhalt beitragen. Diese hatten keine Chance auf eine geregelte Ausbildung und somit zum Aufstieg. Die Sterblichkeitsrate, vor allem bei Frauen und Kindern, war sehr hoch. Die Gruppe der Arbeiter, die unter diesen Bedingungen lebte, wuchs beständig an *(Proletarisierung)*. Die Tatsache, dass sehr viele Menschen unter unwürdigen Verhältnissen leben und arbeiten mussten, nennt man die *soziale Frage*.

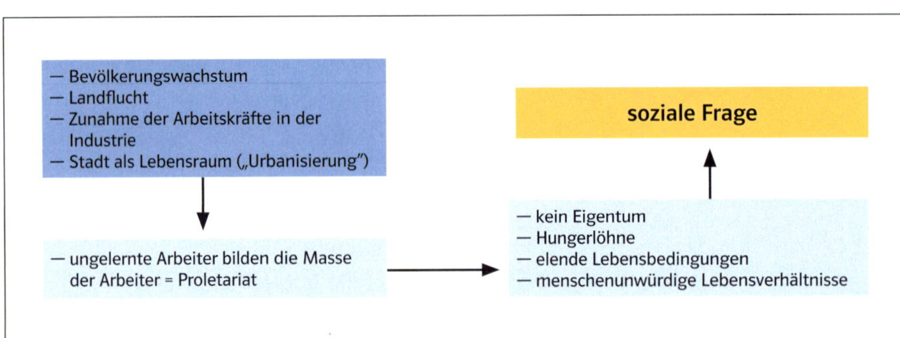

Die Entstehung der sozialen Frage

Die Organisation der Arbeiterinteressen

Schon bald wurden verschiedene Versuche unternommen, die soziale Frage zu lösen und für die Arbeiter Verbesserungen herbeizuführen. Zuerst hatten die Arbeiter selbst ein Interesse daran, ihre Situation zu verbessern. Das geschah zunächst durch die Gründung von Arbeiterbildungsvereinen oder Unterstützungskassen, die einerseits einen sozialen Aufstieg ermöglichten, andererseits die völlige Verarmung verhindern sollten. Beim geselligen Zusammensein wurden auch politische und soziale Fragen diskutiert. In diesen Arbeitervereinen fanden die Ideen des *Kommunismus*, die Karl Marx und Friedrich Engels verbreiteten, Anklang. In der Zeit nach der Revolution 1848/1849 wurden die Arbeitervereine von staatlicher Seite aus stark kontrolliert und politische Betätigungen unterdrückt. Trotzdem entstanden der Allgemeine Deutsche Arbeiterverein (ADAV) und die Sozialdemokratische Deutsche Arbeiterpartei (SDAP). Der Zusammenschluss beider Gruppierungen, die Sozialistische Arbeiterpartei Deutschlands (SAP), vertrat zunächst ein durchaus gemäßigtes Programm, radikalisierte sich dann jedoch unter dem Druck der Bismarck´schen *Sozialistengesetze*. Trotz der staatlichen Gegenmaßnahmen stellte die Partei Kandidaten für die Reichstagswahlen und gewann immer mehr Wähler und Anhänger.
Eine weitere Möglichkeit für die Arbeiter, ihre Interessen zu vertreten, waren die *Gewerkschaften*. Nach englischem Vorbild schlossen sich Mitte des 19. Jahrhunderts die Vertreter einzelner Berufsgruppen (Buchdrucker, Zigarrenarbeiter) zusammen. Auch sie äußerten nicht nur soziale, sondern ebenso politische Forderungen. Allerdings wurden die Gewerkschaften in ihren Aktivitäten und damit in ihrer Wirksamkeit immer wieder durch staatliche Maßnahmen eingeschränkt, zum Beispiel durch die von Reichskanzler Bismarck eingeführten Sozialistengesetze (gültig 1878–1890).

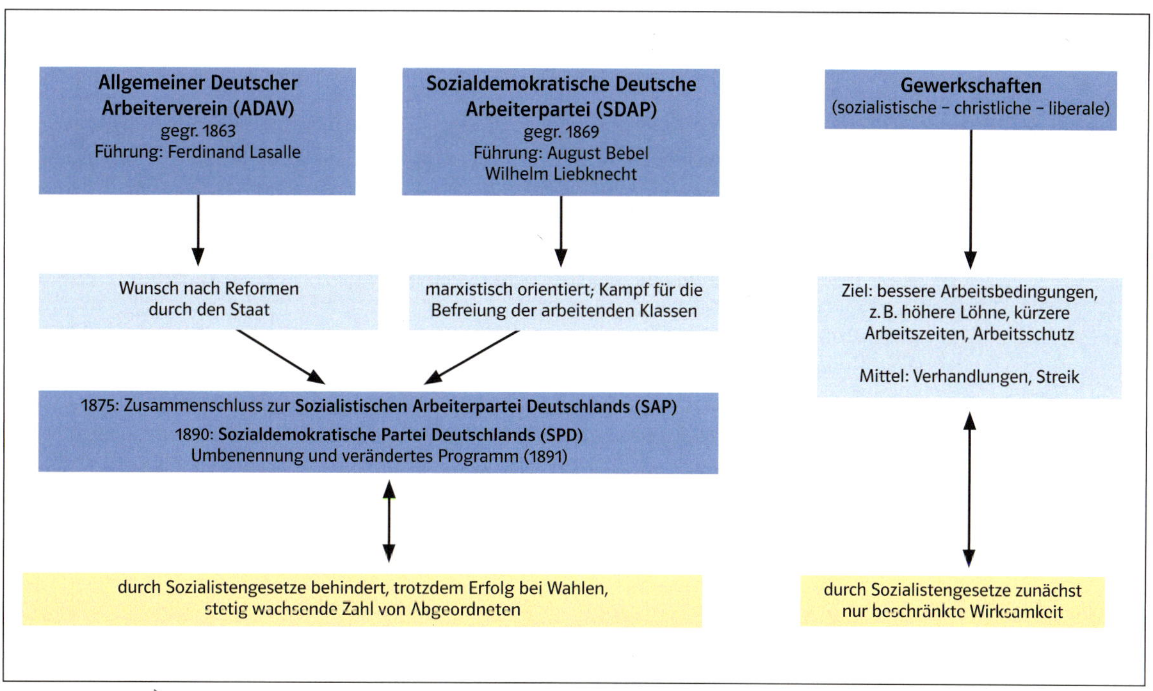

Die Organisation der Arbeiterinteressen

Die unternehmerische Fürsorge

Bemühungen zur Lösung der sozialen Frage kamen auch von einzelnen Unternehmern, die aus betrieblichem Eigeninteresse, christlich-humanitärer Haltung oder aus patriarchalischem Selbstverständnis heraus handelten. So unterstützte Friedrich Harkort seine Arbeiter beim Erwerb von Wohneigentum, förderte ihre Bildung und gestattete eine gewisse Mitberatung in seinem Betrieb. Auch richtete er Versicherungen für Krankheit und Invalidität ein. Als Reichstagsabgeordneter setzte er sich für feste Anstellungen und feste Löhne sowie für ein Verbot der Kinderarbeit ein. Auch andere Unternehmer wie Alfred Krupp richteten Unterstützungskassen für den Krankheitsfall, zur Vorsorge bei Unfällen oder zur Altersversorgung ein. Sie gründeten sogenannte Konsumvereine, wo ihre Arbeiter günstiger einkaufen konnten, und bauten Betriebswohnungen, Kindergärten und Krankenhäuser. Somit konnten die Lebenshaltungskosten der Arbeiter und ihre Löhne niedrig gehalten werden. Im Gegenzug erwarteten die Unternehmer von ihren Arbeitern Gehorsam und umfassenden Einsatz und dass sie sich nicht den Gewerkschaften oder sozialistischen Parteien anschlossen.
Daneben entstand auch eine Reihe von privaten Initiativen. So begründete Hermann Schulze-Delitzsch in Deutschland das *Genossenschaftswesen*. Dabei handelte es sich um genossenschaftliche Formen organisierter Selbsthilfe, zum Beispiel in Form von Konsumvereinen, Einkaufsvereinen oder Spar- und Darlehenskassen. Diese wurden von den Betroffenen selbst organisiert und verwaltet. Ein weiterer wichtiger Vertreter war Ferdinand Raiffeisen, der Einkaufs- und Verkaufsgenossenschaften als Hilfe für die ländliche Bevölkerung ins Leben rief.

Die Maßnahmen von Kirche und Staat

Sehr zögerlich beim Umgang mit der sozialen Frage zeigten sich die Amtskirchen. Es waren meist einzelne Vertreter, die sich engagierten. Ihr Anliegen war vor allem die Sozialarbeit. Mit den Maßnahmen zur Linderung der Not der Arbeiter wurde gleichzeitig versucht, die bestehende Gesellschaftsordnung zu sichern und moralische Probleme (z. B. Prostitution, Alkoholsucht) einzudämmen. Auch staatliche Stellen hielten sich gemäß den liberalen Vorstellungen zunächst zurück. Es sollte – abgesehen von der Herstellung eines erforderlichen Ordnungsrahmens – keine Einmischung in wirtschaftliche Abläufe geben. Erst als sich zeigte, dass die Rekruten aus der Arbeiterschicht körperlich kaum für den Wehrdienst geeignet waren, wurden Schutzmaßnahmen für Kinder ergriffen (z. B. Sonntagsarbeitsverbot, Einführung eines 10-Stunden-Tages für 9- bis 16-Jährige). Später wurden weitere Schritte unternommen, die eine Revolution des wachsenden Proletariats verhindern sollten. Unternehmer und konservative Politiker fühlten sich vom wachsenden Einfluss der Arbeiter gestört und fürchteten sogar eine Gefährdung der staatlichen Ordnung durch eine kommunistische Revolution. Deshalb erließ der preußische Ministerpräsident und deutsche Reichskanzler Otto von Bismarck eine Reihe von Gesetzen, die zur Unterdrückung der Sozialdemokratie und der Gewerkschaften dienten *(Sozialistengesetze)*. Letztere sowie die Parteiorganisationen der SAP wurden – wie auch alle sozialistischen Druckerzeugnisse und Versammlungen – verboten. Mitglieder und Anhänger wurden schikaniert und polizeilich verfolgt. Auf der anderen Seite versuchte Bismarck, die Sozialdemokratie für die Arbeiter quasi überflüssig zu machen und die Arbeiter an den Staat zu binden, indem er wichtige Forderungen der Arbeiter durch staatliche Gesetze *(Sozialgesetzgebung)* erfüllte: Es wurden Versicherungen ins Leben gerufen, die mit finanziellen Beiträgen vom Staat die Arbeiter bei Krankheit, Betriebsunfällen, Invalidität und im Alter unterstützten. Doch Bismarck erreichte sein Ziel trotz dieser Doppelstrategie nicht: Die Kandidaten der SAP errangen immer mehr Wählerstimmen und stellten immer mehr Abgeordnete im Parlament. Nach der Aufhebung der Sozialistengesetze 1890 stieg die Zustimmung der Wähler

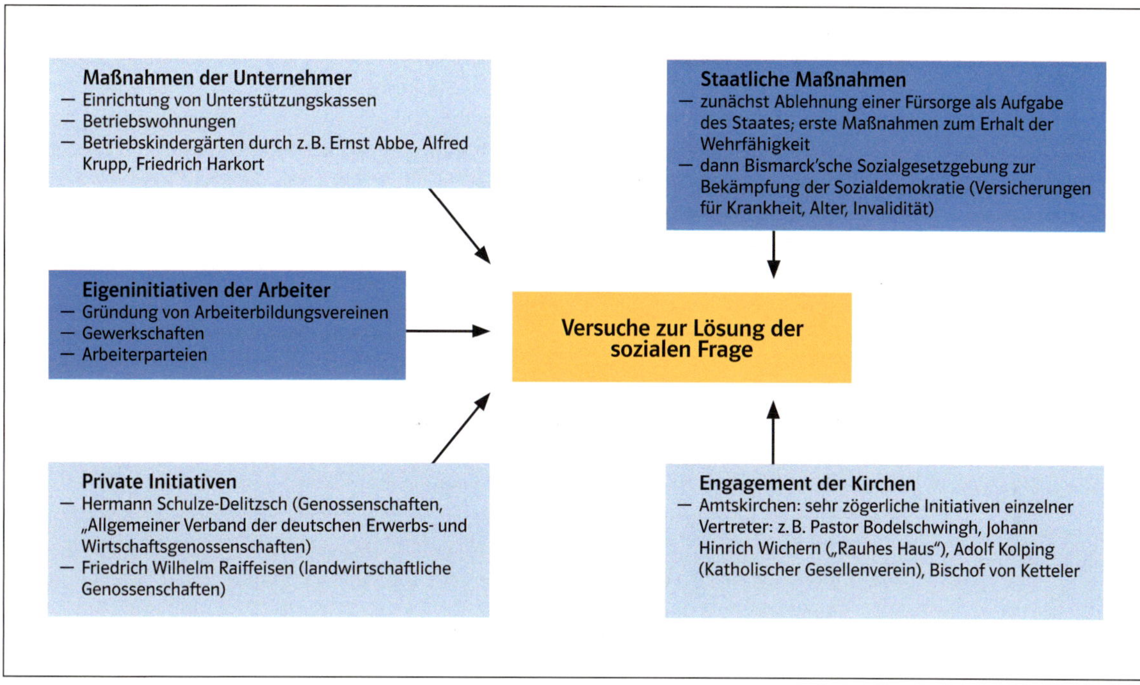

Versuche zur Lösung der sozialen Frage

weiter. Von der Zerschlagung der Sozialdemokratie konnte keine Rede sein. Andererseits entstand durch Bismarcks Maßnahmen in Deutschland das damals modernste System an *Sozialversicherungen*, das die Not der Arbeiter in vieler Hinsicht linderte.

Die Bevölkerungsstruktur im 19. Jahrhundert

Ab ungefähr 1750 setzte in ganz Europa ein Bevölkerungswachstum ein, da durch den Rückgang von Seuchen und Hungersnöten sowie von großen Kriegen die hohe Zahl der Sterbefälle zurückging, während die Geburtenrate weiter hoch blieb. Auch die sich stetig verbessernde Hygiene wirkte sich hier aus. Erst gegen Ende der Industrialisierung sank auch die Zahl der Geburten, sodass die Bevölkerung auf hohem Niveau stagnierte.
Die alten ständischen Gruppen (Adel, Bürgertum und Bauern) blieben teilweise erhalten, differenzierten sich aber aus, und die neue soziale Mobilität gab mehr Menschen die Möglichkeit zum Aufstieg. Der Adel behielt seine beherrschende politische Geltung, aber das Bürgertum erweiterte seinen Einfluss. Es umfasste jedoch viele verschiedene Gruppen. An der Spitze standen die *Besitzbürger*. Diese kleine, vor allem aus Unternehmern bestehende Schicht war wirtschaftlich führend und zeigte dies auch in einem prachtvollen, den Adel nachahmenden Lebensstil. Das vor allem aus selbstständigen Akademikern (z. B. Anwälte, Ärzte, Apotheker) und höheren Beamten zusammengesetzte *Bildungsbürgertum* orientierte sich ebenfalls nach oben. In diesen Familien war die Ausbildung der Söhne von großer Bedeutung, die Mädchen wurden traditionell erzogen und auf das Bild der Hausfrau und Mutter hin geprägt. Das *Kleinbürgertum* umfasste den sogenannten alten Mittelstand aus Handwerkern und kleineren Kaufleuten. Hinzu kam als neuer Mittelstand die wachsende Gruppe der *Angestellten* und niederen Beamten, die verstärkt in der Verwaltung der wachsenden Unternehmen und des Staates eingesetzt waren. Diese

orientierten sich an der über ihnen stehenden Schicht des Großbürgertums, konnten sie aus Mangel an finanziellen Mitteln aber nicht erreichen. Oft mussten hier noch die Frauen zum Lebensunterhalt der Familie betragen. Sie fanden ebenfalls Arbeit in Büros, wurden aber schlechter bezahlt als ihre männlichen Kollegen. Deshalb wurden sie häufiger eingestellt, der Status der männlichen Angestellten verschlechterte sich durch die weibliche Konkurrenz. Körperliche Arbeit galt für beide Geschlechter als verpönt, man grenzte sich dadurch von den *Arbeitern* ab.
Im Laufe der Industrialisierung entwickelte sich die Arbeiterschaft zu einer recht einheitlichen Klasse mit insgesamt gleichen Lebensbedingungen und einer weitgehend einheitlichen sozialen und politischen Einstellung. Die meisten Arbeiter – auch Frauen und Kinder – mussten für wenig Lohn arbeiten und lebten unter sehr schlechten Bedingungen. Die Lebenserwartung war niedriger als die bei den anderen Bevölkerungsgruppen, die Bildungschancen blieben eingeschränkt. Die traditionellen Großfamilien wie auf dem Land gab es in der Stadt nicht mehr. In den bäuerlichen Familien auf dem Land dagegen entsprach das Leben in vielen Bereichen noch der traditionellen Weise. Die ganze Familie arbeitete beim Bestellen der Felder zusammen.
In allen Bevölkerungsschichten gleich war aber die beherrschende Position des Mannes an der Spitze der Familie. Die im 19. Jahrhundert entstehende *Frauenbewegung* setzte sich daher für bessere Bildungschancen sowie für gleiche politische und soziale Rechte der Frauen ein.

Klausuraufgabe
Erläutern Sie die Erscheinungsformen und Handlungsmotivationen sozialer Fürsorge im 19. Jahrhundert.

2 Demokratie und Diktatur – Probleme der deutschen Geschichte im 20. Jahrhundert

Worum es geht

Im 20. Jahrhundert existierte auf deutschem Boden zwei Mal ein demokratischer Staat. Der erste – die Weimarer Republik – entstand nach der Niederlage im Ersten Weltkrieg und den Wirren der Revolution. Er besaß eine der liberalsten Verfassungen der damaligen Zeit. Darin wurde dem Volk eine umfassende Mitbestimmung eingeräumt – einem Volk, das dem demokratischen System distanziert bis ablehnend gegenüberstand. In den mittleren, vor allem wirtschaftlich stabileren Jahren der Weimarer Republik erreichte das demokratische System eine gewisse Akzeptanz. In den Krisenzeiten nach der Weltwirtschaftskrise zeigte sich jedoch, dass unter anderem das stark ausgeprägte plebiszitäre Element die Republik anfällig machte für die Angriffe rechts- und linksextremer Bewegungen. Die Weimarer Republik endete bereits nach wenigen Jahren in der Diktatur des Dritten Reiches.
Auch die zweite deutsche Republik entstand am Ende eines Weltkrieges. Doch jetzt ergaben die bedingungslose Kapitulation, die Zerstörungen durch den Krieg und die Besetzung des Landes durch die Alliierten eine völlig andere Situation. Im Westen entstand ein demokratischer Staat. In diesem sorgten der wirtschaftliche Wiederaufbau und die Integration in Europa für eine wachsende Zufriedenheit der Bevölkerung mit dem politischen System. Der „andere" deutsche Staat dagegen wurde geprägt durch die Ideologie der Sowjetunion. Somit entsprach die DDR zwar dem sozialistischen Begriff der Volksdemokratie, aus der Sicht des Westens handelte es sich aber nicht um einen demokratischen Staat.

Bedrohte Demokratie: Eingang zu einem Wahllokal in Hannover bei der Reichstagswahl vom 6. November 1932
Foto.

2.1 Die Weimarer Republik – Demokratie ohne Demokraten?

Wichtige Daten zur Orientierung

1918	Novemberrevolution in Deutschland: Sturz der Monarchie, Ausrufung der demokratischen Republik durch Philipp Scheidemann (MSPD), Ausrufung der sozialistischen Republik durch Karl Liebknecht (Spartakus-Bund); Ende des Ersten Weltkrieges
1919	Verhandlung und Unterzeichnung des Versailler Vertrages Ausarbeitung und Inkrafttreten der Weimarer Reichsverfassung
1920–1923	Putschversuche von rechts und links, Anschläge und Morde an Politikern
1923	Besetzung des Ruhrgebietes durch französische und belgische Truppen, Hyperinflation Scheitern des Hitlerputsches in München (8./9. November)
1925	Unterzeichung der Verträge von Locarno Aufnahme Deutschlands in den Völkerbund
1929	Zusammenbruch der New Yorker Börse, Beginn der Weltwirtschaftskrise
1930	Bruch der Großen Koalition (SPD, Zentrum, bürgerliche Parteien)
1933	Ernennung Adolf Hitlers zum Reichskanzler durch Reichspräsident Hindenburg (30. Januar) Ende der Weimarer Republik

Grundbegriffe aus der Mittelstufe

Inflation: Inflation ist die Bezeichnung für eine Geldentwertung durch Vermehrung der umlaufenden Geldmenge. Der Staat lässt Geld drucken, die Warenmenge wird aber nicht vermehrt. Dies führt zu steigenden Preisen und damit zu Kaufkraftschwund. Da auch die Sparguthaben an Wert verlieren, kommt es zu Hamsterkäufen und Warenhortung. Durch Inflation werden Bezieher fester Einkünfte, Sparer und Gläubiger geschädigt, nicht aber Schuldner und Besitzer von Sachwerten. Auf diese Weise vergrößert sich die soziale Ungleichheit zwischen Sachwertbesitzern und Lohnempfängern.

Nationalversammlung: Als Nationalversammlung wird oft eine Versammlung gewählter Volksvertreter bezeichnet, die nach einer Revolution zusammentritt, um dem Land eine Verfassung zu geben. Nach dem französischen Vorbild von 1789 gab es auch in Deutschland 1848/1849 und 1919 Nationalversammlungen.

Parteien: In Deutschland gibt es seit der Revolution von 1848 politische Parteien. Diese lassen sich in vier große Gruppen einteilen: Konservative, Liberale, Sozialisten und das Zentrum, die Partei des politischen Katholizismus. Im Kaiserreich konnten die Parteien aufgrund der Verfassung nur in wenige Bereiche der Politik gestaltend eingreifen. Das änderte sich in der Weimarer Republik.

Verfassung: In einer Verfassung werden vor allem die Grundsätze festgehalten, die die Form (z. B. Monarchie, Demokratie) und den Aufbau (z. B. zentralistisch, föderalistisch) eines Staates, die Art der politischen Willensbildung der Bürger (z. B. Wahl, Parlament) sowie die Rechtsstellung von Regierung und Staatsbürgern bestimmen.

Volkssouveränität: Der Grundsatz der Volkssouveränität leitet alle Macht des Staates aus dem Willen des Volkes ab. Das ist der Sinn des Satzes „Alle Staatsgewalt geht vom Volke aus". Das Volk bestimmt selbst als Zusammenschluss freier Staatsbürger seine Regierungsform und übt auch die Herrschaft aus, zumeist durch gewählte Vertreter (repräsentative Demokratie).

Basiswissen der Oberstufe

Der Charakter der Epoche

Die Weimarer Republik begann 1918 mit einer Revolution. Darauf folgten unruhige Jahre der Bedrohung von innen und außen, die den jungen Staat 1920–1923 bis an die Grenzen belastete (z. B. Kapp-Lüttwitz-Putsch, Ruhrbesetzung, **Inflation**, sozialistische Aufstände, Hitlerputsch). Schon von Anfang an gab es zahlreiche Gegner von links und von rechts, die der Demokratie keine Chance geben wollten. In der etwas ruhigeren Phase Mitte der 1920er-Jahre gelang es trotz einiger Konsolidierung nicht, die Extremen wirklich mit der Republik zu versöhnen. Die kulturelle Blüte der „Goldenen Zwanziger Jahre" überdeckte nur die wirtschaftliche und gesellschaftliche Schieflage, in der die alten Eliten in Beamtenschaft, Militär und Unternehmertum sowie die neue Rechte des Nationalsozialismus und die kommunistische Linke gegen die Demokratie und ihre Vertreter arbeiteten. Die *Weltwirtschaftskrise* von 1929 mit ihren gravierenden Folgen (extreme Arbeitslosigkeit, Verschuldung, Insolvenz von Banken und Unternehmen) führten zur Regierungsunfähigkeit der staatstragenden Kräfte. Die Krise mündete in die immer weniger vom Parlament getragenen und stattdessen von einem zunehmend vergreisten Reichspräsidenten Hindenburg gestützten *Präsidialkabinette*, die dann mit der Kanzlerschaft Adolf Hitlers das Dritte Reich einläuteten.

Paul von Hindenburg (1847–1934), deutscher Generalfeldmarschall und Reichspräsident (1925–1934)
Foto, um 1930.

Die Entstehung der Weimarer Republik

Die Weimarer Republik entstand aus der Niederlage im Ersten Weltkrieg und der anschließenden Novemberrevolution. Die Oberste Heeresleitung (OHL) unter der Führung von Generalfeldmarschall von Hindenburg und seinem Stabschef Ludendorff, die das Deutsche Reich quasi als Militärdiktatur regierten, hatte in den letzten Kriegswochen immer noch die Hoffnung auf einen Sieg geschürt. Die plötzliche Nachricht von der heraufziehenden Niederlage kam für die Mehrheit der Bevölkerung völlig überraschend. Die Not des Krieges, die sich in Hunger, Krankheit und Entbehrung bemerkbar gemacht und neben den Verwundeten und Gefallenen (rund 2 Millionen) auch zahlreiche zivile Opfer gefordert hatte, hatte schon seit Längerem zu einer wachsenden Kriegsmüdigkeit geführt. Die Menschen wünschten ein Ende des Krieges und lehnten sich gegen die Situation auf. Deshalb breitete sich die Revolution, die zunächst als Aufstand von Matrosen der Hochseeflotte in Kiel begann, die am Kriegsende nicht noch um der Ehre willen geopfert werden wollten, rasch über ganz Deutschland aus. Die in den letzten Kriegstagen auf eine Forderung des US-amerikanischen Präsidenten Wilson hin in aller Eile durchgeführte Demokratisierung in der „Oktoberreform", die aus der konstitutionellen deutschen Monarchie eine *parlamentarische Monarchie* machte, wurde von der Bevölkerung kaum wahrgenommen und konnte die Revolution nicht mehr aufhalten. Am 9. November 1918 rief Philipp Scheidemann zur Beruhigung der Massen die demokratische Republik aus. Durch ein Bündnis mit den alten Eliten (Militär, Beamtenschaft, Unternehmer) verhinderte die MSPD-Führung zudem, dass sich eine von Karl Liebknecht gleichzeitig ausgerufene Räterepublik nach russischem Vorbild etablierte. Weitere sozialistisch-kommunistische Aufstände wurden von der MSDP-Führung unter massiver Gewaltanwendung niedergeschlagen.

Friedrich Ebert (1871–1925), deutscher Politiker (SPD) und Reichspräsident (1919–1925)
Foto, um 1922.

Die Nationalversammlung

Die am 19. Januar 1919 gewählte **Nationalversammlung** hatte nicht nur die Aufgabe, eine **Verfassung** zu erstellen und die Regierung zu bilden, sondern auch einen Friedensvertrag abzuschließen und Deutschland geordnet in die Friedenssituation zu überführen. Das Ergebnis der Wahl zeigte deutlich, dass die Bevölkerung sich nach Normalität sehnte. Die radikalen Parteien wurden eher abgelehnt, bürgerliche, staatstragende Parteien (DDP, SPD, Zentrum) erhielten die Mehrheit und bildeten die sogenannte *Weimarer Koalition*. Im Prinzip hatte die Nationalversammlung somit eine ähnliche Parteienstruktur wie noch der kaiserliche Reichstag. Zum Kanzler wurde Philipp Scheidemann (SPD) bestimmt, das Amt des Reichspräsidenten erhielt Friedrich Ebert (73 Prozent der Stimmen). Allerdings hatte die KPD die Wahl boykottiert und kam deshalb in der Statistik nicht vor, und schon bei den folgen Wahlen im Juni 1920 erhielten die rechten und linken Parteien (DNVP, USPD, KPD) deutlich mehr Stimmen. Dieser Trend setzte sich bei späteren Wahlen fort. Die staatsbejahenden Parteien der Mitte verloren immer mehr an Rückhalt. Das legt die Vermutung nahe, dass viele Wähler 1919 noch davor zurückgeschreckt waren, radikale Parteien zu wählen und deshalb der Mitte ihre Stimme gegeben hatten. Später gab es diese Vorbehalte nicht mehr. Somit kann man vom anfänglichen Erfolg der bürgerlichen Parteien nicht auf eine mehrheitlich bejahende Einstellung der Bürger zur Demokratie und Republik schließen.

Auch bei den Vertretern der Parteien innerhalb der Nationalversammlung zeigten sich Gegnerschaften zur Republik: Die USPD, die DVP sowie die DNVP lehnten den Verfassungsentwurf in der Nationalversammlung ab und stellten sich somit von Anfang an gegen den Staat. Überdies zeigte sich schon die Spaltung des linken Lagers: Obwohl MSPD und USPD zusammen über 45 Prozent der Stimmen erreichten, war keine gemeinsame Regierungsbildung möglich. Die unterschiedlichen politischen und sozialen Vorstellungen sowie die Auseinandersetzungen während der Revolution hatten die Arbeiterbewegung gespalten. Zwar schlossen sich später Teile der USPD wieder der SPD an, aber bis zum Ende der Republik blieb die Gegnerschaft zwischen SPD und KPD erhalten.

Die Aufnahme des Versailler Vertrages in der Bevölkerung

Die Verhandlungen um den Frieden zwischen Deutschland und seinen Kriegsgegnern sowie deren Ergebnisse, die 1919 im *Versailler Vertrag* niedergelegt wurden, stellten eine erste schwere Belastungsprobe für die junge Republik dar. Der Vertrag verlangte große Gebietsabtretungen und später hohe *Reparationszahlungen* als Entschädigung. Die deutsche Bevölkerung zeigte sich empört über die Bedingungen, über alle Parteigrenzen hinweg war man sich einig, dass der Vertrag eine unrechtmäßige Härte darstellte. Die Regierungsvertreter, die sich schließlich gezwungen sahen, den Vertrag zu unterzeichnen – bei einer Weigerung hätten die Alliierten den Krieg mit katastrophalen Folgen für Deutschland wieder aufgenommen – wurden diffamiert und als Erfüllungsgehilfen der Feinde betrachtet. Ebenso sahen sich Politiker, die in den ersten Jahren der Republik versuchten, ein besseres Verhältnis zu den ehemaligen Gegnern und damit Erleichterungen für Deutschland zu erreichen, immer wieder massiven Anfeindungen ausgesetzt, die von Beschimpfungen („Erfüllungspolitiker") und Rufmord bis zu tatsächlichen Mordanschlägen reichten.

Als weitere Belastung für die demokratischen Kräfte wirkte die von Hindenburg und Ludendorff vertretene Behauptung, das deutsche Heer sei – im Felde unbesiegt – durch die angeblich von den linken Kräften geplanten und zielgerichtet durchgeführten revolutionären Ereignisse im November 1918 „von hinten erdolcht" worden *(„Dolchstoßlegende")*. Diese unwahren Behauptungen sollten dazu dienen, die Oberste Heeresleitung von aller Schuld freizusprechen und die Niederlage den Sozialdemokraten und Sozialisten in die

Schuhe zu schieben. Die Dolchstoßlegende diente den Rechten zur Propaganda gegen die Sozialdemokratie, die Novemberrevolution, die Republik an sich und ihre Verfassung sowie gegen den Versailler Vertrag. Sie vergiftete somit massiv das politische Klima in den ersten Jahren der Republik.

Die Weimarer Reichsverfassung

Die **Verfassung** enthielt zwei Hauptteile: Der erste umfasste Aufbau und Aufgaben des Reiches, der zweite beschrieb die Grundrechte und Grundpflichten. Alle Teile der Verfassung konnten vom Parlament mit einer Zweidrittelmehrheit geändert werden, eine besondere Sicherung der Grundrechte gab es nicht. Formal bestand eine föderale Ordnung, doch die Rolle der Länder und des Reichsrates war nur schwach. Auch lag die Finanzhoheit beim Reich. Vom Charakter her war die Verfassung sehr liberal und gestand dem Volk – zum ersten Mal auch den Frauen – über Wahlen und Plebiszite eine breite Mitwirkung zu (*Direktwahl des Reichspräsidenten*, Wahl des Reichstags und der Landesparlamente, Volksbegehren).

Dadurch waren die Befugnisse des Reichstages eingeschränkt. Der Reichspräsident hatte durch seine lange Amtszeit, durch die Möglichkeit zur mehrfachen Wiederwahl und durch eine Vielzahl von Kompetenzen umfassende Machtfülle („Ersatzkaiser"). Besonders bedeutungsvoll war die Möglichkeit, nach *Artikel 48* im Ausnahmezustand zu regieren und somit ohne den üblichen parlamentarischen Weg Verordnungen zu erlassen. Den umfangreichen Kompetenzen des Staatsoberhauptes gegenüber stand die doppelte Abhängigkeit des Kanzlers und seiner Regierung: zum einen vom Parlament (einfaches Misstrauensvotum), zum anderen vom Reichspräsidenten. Beide Verfassungsorgane hatten die Möglichkeit, die Regierung zu stürzen. Das Wahlrecht (Verhältniswahlrecht) enthielt keine Sperrklausel, sodass zahlreiche **Parteien** im Reichstag vertreten waren, was eine Koalitions- und Regierungsbildung erschwerte. Die Rolle der Parteien und deren Verantwortung im politischen Prozess waren hingegen in der Verfassung nicht festgelegt. Auch existierten keine Schutzmechanismen gegen extreme, den Staat ablehnende und offen bekämpfende

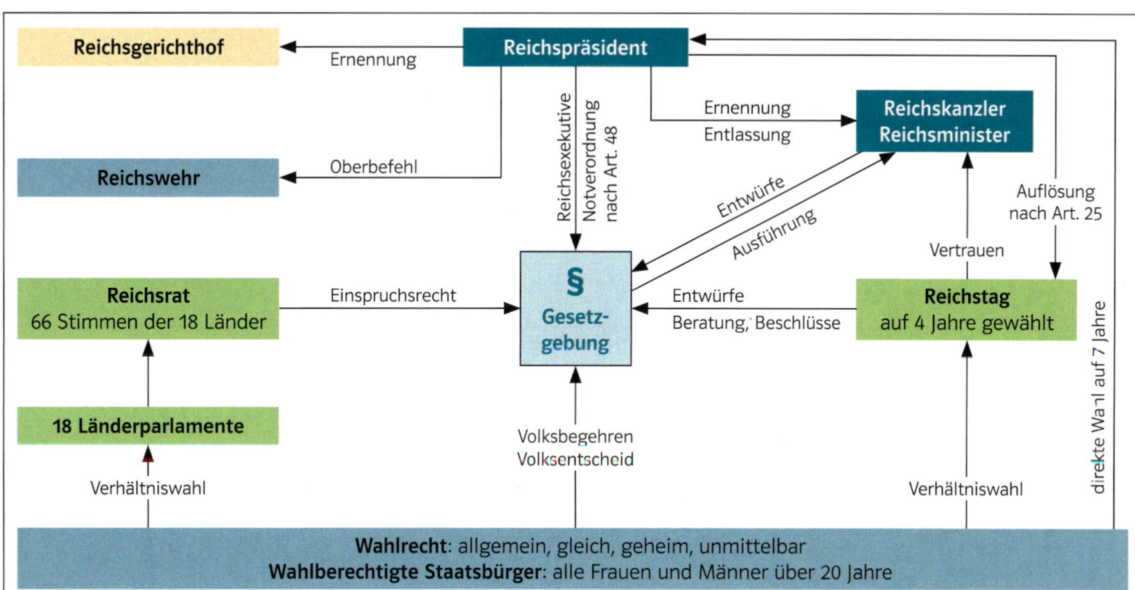

Die Verfassung der Weimarer Republik

Gruppierungen. Der „Republikschutz" wurde erst 1922 im Zusammenhang mit der Ermordung des Außenministers Walther Rathenau beschlossen und blieb in vielen Bereichen wirkungslos, zumal die Justiz eher einseitig für die Rechten und gegen die Linken urteilte.

Die Gegner und Träger der demokratischen Ordnung

Schon den Zeitgenossen galt die Weimarer Republik häufig als „Republik ohne Republikaner"; damit ist gemeint, dass eine Mehrheit der Bevölkerung der Staatsform wie der demokratischen Regierung distanziert bis abwehrend gegenüberstand. Dabei zog sich diese Ablehnung durch fast alle Schichten der Bevölkerung. Die Arbeiterschaft, die mit 70 Prozent der Erwerbstätigen die Mehrheit bildete, profitierte von den sozialen Errungenschaften der Republik. Sie hatte ihre politische Heimat überwiegend in den Arbeiterparteien. Die SPD und ihre Anhänger waren während der Republik – auch in der Zeit als Oppositionspartei – staatsbejahend. Dagegen lehnte die KPD den demokratischen Staat ab und forderte eine sozialistische Revolution. Es gab aber auch unter den Arbeitern Anhänger des Zentrums wie der bürgerlichen Parteien. Während der Wirtschaftskrise radikalisierten sich viele Arbeiter unter dem Druck der sich verschlechternden Lebenssituation. Viele wandten sich entweder der KPD oder der NSDAP zu.
Der Mittelstand war sozial differenziert, was sich auch darin zeigte, dass verschiedene **Parteien** gewählt wurden: Die Katholiken (aller Schichten) waren Anhänger des Zentrums (bzw. in Bayern der Bayerischen Volkspartei, BVP). Daneben wurden – vor allem vom „alten Mittelstand", den Beamten und der Bauernschaft – die konservativen Parteien DNVP (Deutschnationale Volkspartei) und DVP (Deutsche Volkspartei) gewählt. In der Gruppe der Angestellten gab es auch Wähler von DDP (Deutsche Demokratische Partei), SPD und sogar KPD. Da die Mitglieder des Mittelstandes von der Inflation (1923) und ihren Folgen, aber auch von der Wirtschaftskrise (1929) stark betroffen waren, radikalisierten sich viele. Vor allem die DNVP und ab 1930 verstärkt die NSDAP erhielten Zulauf. Hierbei spielte Existenzangst ebenso eine Rolle wie die (wieder) erwachenden Ressentiments gegen Juden und Sozialisten. Ähnliches galt auch für das Bildungsbürgertum.
An der Spitze der Gesellschaft hatte der Adel zwar seine politische Vormachtstellung verloren, besaß aber durch Grundbesitz, Reichtum und Ansehen immer noch Geltung. Auch waren Mitglieder des Adels noch überproportional stark in Bereichen vertreten, in denen sie schon in der Vergangenheit Spitzenämter innegehabt hatten (Militär, Diplomatie, Politik, höhere Beamtenschaft). Überdies konnte der Adel durch private Kontakte unter Gleichgesinnten und weitverzweigte Verwandtschaftsbeziehungen Einfluss nehmen. Politisch gesehen, wurde der Adel in seinen Interessen vor allem durch die DNVP vertreten. Ähnlich konservativ dachten auch die Angehörigen des Großbürgertums, obwohl es gerade in Unternehmerkreisen auch liberal Eingestellte gab. Durch die Weltwirtschaftskrise 1929 orientierte sich das gehobene Bürgertum ebenfalls hin zur NSDAP.

Die wirtschaftlichen und politischen Probleme am Ende der Republik

Durch die Währungsreform 1923 sowie Kredite aus den USA im Rahmen des Dawes-Plans gelang es der Regierung, die seit den letzten Kriegsjahren anhaltende und sich zuletzt immer stärker steigernde **Inflation** zu stoppen und eine wirtschaftliche Konsolidierung zu erreichen. Allerdings waren viele der Projekte der „Goldenen Zwanziger" durch Kredite finanziert. Als ab 1927 weltweit die Konjunktur zurückging und sich 1929 daraus die Weltwirtschaftskrise entwickelte, wurde Deutschland von diesem Einbruch massiv getroffen. Es kam zu Bankenpleiten, Unternehmen brachen zusammen und die Arbeitslosenquote stieg massiv an. Die erst 1927 eingeführte Arbeitslosenversicherung war für eine so große Zahl nicht ausgelegt. Die Auszahlungen garantierten den Arbeitslosen kaum das

Existenzminimum und wurden von der Regierung weiter gekürzt. Dadurch verloren viele Menschen das Vertrauen in Parteien und Staat. In dieser Situation fiel die Agitation von DNVP, NSDAP und dem Stahlhelm (paramilitärischer Wehrverband im Umfeld der DNVP) auf fruchtbaren Boden, diese Parteien gewannen immer mehr Anhänger. Die demokratischen Parteien (u. a. die SPD) verloren dagegen viele ihrer Unterstützer. Schließlich gelang es der regierenden Großen Koalition nicht mehr, die Interessen ihrer Mitglieder miteinander zu vereinbaren. Vor allem die Flügelparteien SPD und DVP glaubten, durch weitere Zugeständnisse ihre Wähler und Anhänger zu enttäuschen und damit zu verlieren. Somit waren sie nicht zu weiteren Kompromissen bereit. Die Koalition – und damit das letzte parlamentarisch funktionierende Kabinett der Weimarer Republik – zerbrach 1930 an der Finanzierungsfrage der Arbeitslosenversicherung.

Das erste Präsidialkabinett unter Brüning

In dieser Situation beauftragte der greise Reichspräsident Hindenburg den Politiker Heinrich Brüning mit der Regierungsbildung. Dem extrem konservativ gesinnten Hindenburg war der Parteienstreit im Parlament schon lange ein Dorn im Auge. So regierte Brüning nicht mit einer parlamentarischen Mehrheit, sondern auf das Vertrauen des Reichspräsidenten gestützt *(„Präsidialkabinett“)*. Gesetze, die der Reichstag nicht beschließen wollte, wurden als Notverordnungen verabschiedet. Brüning selbst wollte ebenfalls keine Rückkehr zur Demokratie, sondern einen autoritären Staat. Er verfolgte einen strengen Sparkurs, der die Volkswirtschaft in der Wirtschaftskrise noch weiter belastete. Die Arbeitslosenzahlen stiegen weiter an. In der Reichstagswahl 1930 erlebten die radikalen Parteien, die KPD und vor allem die NSDAP, einen starken Stimmenzuwachs. Eine demokratische Regierungsbildung auf Basis einer Reichstagsmehrheit war nun nicht mehr möglich. Brüning regierte weiter und reagierte auf eine zweite Welle der Wirtschaftkrise mit noch schärferen Sparmaßnahmen. Als Folge davon lag die Arbeitslosenzahl im Februar 1932 bei 6 Millionen, verringerte sich jedoch dann langsam. Überhaupt verbesserte sich 1932 schrittweise die Lage durch die Brüning'sche Wirtschaftspolitik. In der Frage der Reparationen erreichte Brüning ebenfalls einen Ausgleich mit den Alliierten. Diese Erfolge machten sich allerdings erst unter seinem Nachfolge Franz von Papen bemerkbar.

Die Kabinette Papen und Schleicher

Reichspräsident Hindenburg ernannte Franz von Papen im Juni 1932 zum Reichskanzler, nachdem er aufgrund verschiedener Unstimmigkeiten Brüning entlassen hatte. Papen

Die Funktionsweise der Präsidialkabinette 1930–1933

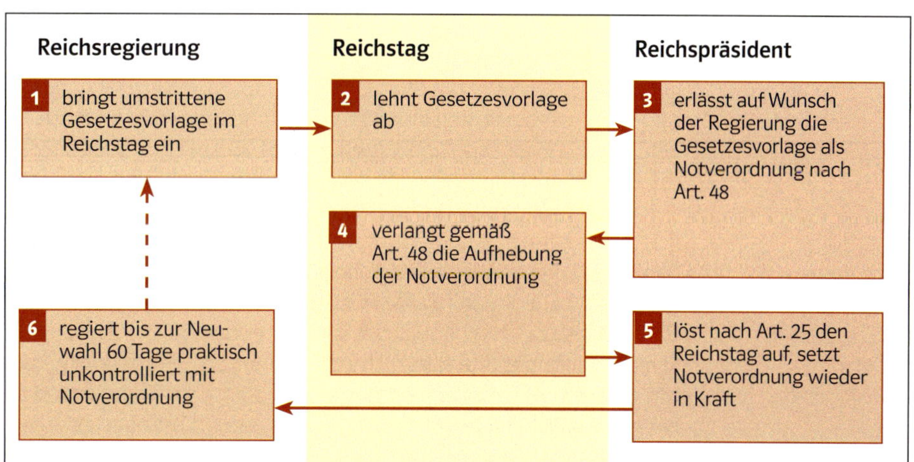

regierte noch unabhängiger vom Reichstag als Brüning, versuchte aber die Unterstützung der NSDAP zu erreichen, indem er das Verbot von SA und SS, das Brüning durchgesetzt hatte, aufhob. Im Umfeld der Reichstagswahl im Juli 1932 kam es deswegen zu blutigen Auseinandersetzungen. In dieser Wahl kam es zu einer katastrophalen Niederlage aller staatsbejahenden Parteien, die antidemokratischen Kräfte (DNVP, NSDAP, KPD) hatten gemeinsam eine „negative Mehrheit". Die NSDAP war die stärkste Kraft. So forderte Hitler von Hindenburg die Kanzlerschaft, was dieser jedoch ablehnte. Bei der zweiten Reichstagswahl im November 1932 verlor die NSDAP fast 2 Millionen Wähler. Dafür gewann die KPD und erhielt fast ebenso viele Stimmen wie die SPD. Ein gemeinsames Vorgehen der beiden Arbeiterparteien war jedoch nicht möglich, da die KPD die SPD – nicht die NSDAP – als Hauptgegner ansah. Eine Krise um die Führung in der NSDAP angesichts der Stimmenverluste konnte Hitler schließlich für sich entscheiden. Trotzdem hatte die NSDAP zu diesem Zeitpunkt den Höchststand ihrer Wahlerfolge in demokratischen Wahlen bereits überschritten.

Nun plante Kanzler Papen einen Staatsstreich, um den Reichstag völlig auszuschalten, doch der starke Mann in seinem Kabinett, General von Schleicher, verweigerte die Hilfe der Reichswehr und erreichte bei Hindenburg die Entlassung Papens und seine eigene Einsetzung zum Reichskanzler (3. Dezember 1932). Kurt von Schleicher, ein enger Vertrauter Hindenburgs, versuchte zunächst die NSDAP zu spalten und deren „linken" Flügel in die Regierung einzubinden. Als er damit keinen Erfolg hatte, wollte er die Gewerkschaften hinzuziehen, um die Wirtschaft anzukurbeln und die soziale Situation zu verbessern. Gegen diese Pläne wandten sich aber Vertreter der Industrie und das Umfeld von Hindenburg. Sie setzten sich beim Reichspräsidenten für die Entlassung Schleichers ein. Schließlich stimmte Hindenburg zu und ließ sich außerdem überreden, am *30. Januar 1933* Adolf Hitler zum Reichskanzler zu ernennen.

Die Ursachen für das Scheitern der Republik

Für das Scheitern der Weimarer Republik gibt es eine Vielzahl von Gründen: Zum einen war der junge Staat schon zu Beginn durch die Folgen des Ersten Weltkrieges belastet, die sich vor allem in den Gebietsabtretungen durch den Versailler Vertrag und in den teils überzogenen Reparationsforderungen äußerten. Empörung und Selbstmitleid der Deutschen verhinderten in dieser Situation bei vielen Menschen eine positive Haltung gegenüber dem aus der Misere des Kriegs entstandenen Staat und seinen Vertretern. Stattdessen wuchs bei der Suche nach einem Sündenbock die Antipathie gegen Sozialisten und Juden, denen man die Schuld an der Niederlage wie auch an der Revolution und sogar am Krieg anlastete. Dass vor allem rechte Gruppierungen ihren Hass auf den Staat und die Demokratie ausleben und weitgehend ungestört agieren konnten, lag an der sehr liberalen Verfassung, die überdies Parlament und Kanzler gegenüber dem fast übermächtigen Reichspräsidenten eine schwache Position einräumte. Auch fehlte ein ausreichender Schutz von Verfassung und Grundrechten. Hinzu kam, dass eine schrittweise Entwicklung der demokratischen Ordnung gefehlt hatte. Die Deutschen wurden aus dem autoritären Kaiserreich in eine liberale demokratische Ordnung versetzt. Das Volk, das noch mehrheitlich obrigkeitshörig und antidemokratisch eingestellt war, hatte keinerlei Erfahrung mit demokratischen Gesetzmäßigkeiten. So fehlte – auch bei vielen Politikern – das Verständnis für die neue Staatsform und die in einer Demokratie nötigen Kompromisse. Unter den Belastungen der Nachkriegszeit wie später der Weltwirtschaftskrise wogen solche grundsätzlichen Vorbehalte natürlich schwer. Auf das „Parteiengezänke" im Reichstag reagierten deshalb viele Bürger mit Gleichgültigkeit oder Abwehr und tendierten dazu, radikale Parteien zu wählen. Hinzu kam das Versagen führender gesellschaftlicher Gruppen und einzelner Personen. Adel und Wirtschaftsführer verfolgten ihre eigenen Interessen, die oft genug mit denen des (Sozial-)Staates kollidierten, die gespaltene Arbeiterbewegung zerfleischte sich in ideologischen Streitigkeiten und war unfähig, gemeinsam gegen das rechte Lager vorzugehen. Die Reichswehr und die Justiz waren mehrheitlich antisozialistisch eingestellt und tendierten dazu, nationalistische Extremisten eher zu unterstützen, als den Staat vor ihnen zu schützen. Politiker wie der greise Hindenburg, eine der zentralen Integrationsfiguren der Republik, aber auch Brüning und Papen hatten kein Interesse am Erhalt der Demokratie, sondern verfolgten Pläne, welche die demokratische Republik in einen autoritären Staat überführen sollten.

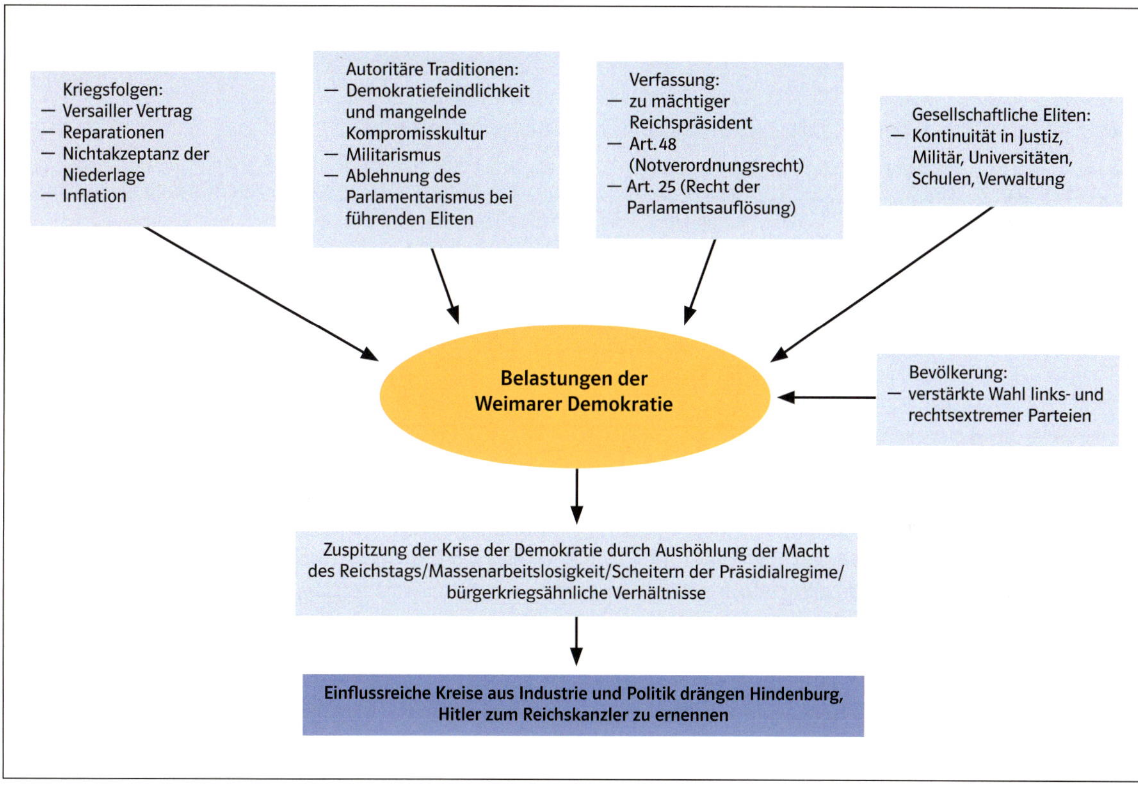

Die Krise der Weimarer Republik

Klausuraufgaben

a) Beschreiben Sie die Position des Reichspräsidenten in der Weimarer Verfassung.

b) Der Historiker Hagen Schulze bezeichnet die Weimarer Reichsverfassung als „Schönwetter-Verfassung“. Überprüfen Sie, ob und inwiefern diese Aussage zutrifft.

2.2 Hitlers willige Volksgenossen? Die Deutschen und der Holocaust

Wichtige Daten zur Orientierung

1933	Ernennung Hitlers zum Reichskanzler (30. Januar)
1935	„Nürnberger Gesetze"
1936	Olympische Spiele in Berlin
1938	Anschluss Österreichs (März) Reichspogromnacht (9./10. November)
1939	Angriff auf Polen (1. September); Beginn des Zweiten Weltkriegs
1941	Beginn der systematischen Vernichtung der europäischen Juden
1942	Wannsee-Konferenz
1943	Fall von Stalingrad
1944	Attentat auf Hitler (20. Juli)
1945	Bedingungslose Kapitulation Deutschlands (8./9. Mai); Ende des Zweiten Weltkriegs

Grundbegriffe aus der Mittelstufe

Antisemitismus: Der Begriff wurde seit dem Ende des 19. Jahrhunderts zur allgemeinen Bezeichnung für negative Einstellungen gegen die als Minderheit in verschiedenen Staaten lebenden Juden. Eine Voraussetzung des Antisemitismus bildete die Zerstreuung der Juden und deren gesellschaftliche Ausgrenzung. Die Juden erhielten im Mittelalter keine politischen Rechte und waren von den Zünften ausgeschlossen. Daher konnten sie nur bestimmte Berufe (z. B. Handel, Geldverleih) ergreifen und mussten in besonderen Stadtvierteln (Gettos) leben. Zu Judenverfolgungen kam es in Europa besonders zur Zeit der Kreuzzüge, außerdem bei unerklärbaren Seuchen oder bei Wirtschaftskrisen, als deren Urheber die Juden angesehen wurden. Viele Juden flüchteten nach Osten (z. B. Polen), später in die USA. Mit den Ideen der Aufklärung (Menschenrechte, Freiheit des Individuums) begann seit dem Ende des 18. Jahrhundert die rechtliche Gleichstellung der Juden (Judenemanzipation). Der politische Einfluss, der wirtschaftliche Reichtum sowie die starke Vertretung in hervorgehobenen Berufsgruppen (Wissenschaftler, Künstler oder auch Politiker) führten in der zweiten Hälfte des 19. Jahrhunderts zusammen mit dem aufkommenden Nationalismus zum modernen Antisemitismus. Der Nationalsozialismus betonte im Gegensatz zum früheren religiösen oder wirtschaftlichen Antisemitismus vor allem den sog. „rassischen" Gegensatz.

„Drittes Reich": Die Nationalsozialisten verwendeten anfangs den Begriff propagandistisch als politisches Schlagwort. Das alte „Heilige Römische Reich Deutscher Nation" galt als erstes Reich, das Kaiserreich von 1871–1918 als zweites und das nationalsozialistische Reich als drittes. Ab 1939 wurde die offizielle Verwendung des Begriffs untersagt und nur noch vom „Großdeutschen Reich" gesprochen.

„Gleichschaltung": Mit diesem Schlagwort wird die Unterordnung aller wichtiger Organisationen (z. B. Gewerkschaften, Verbände, Medien) des öffentlichen Lebens unter die nationalsozialistische Politik und ihre Ideologie (z. B. Führerprinzip) bezeichnet. Die „Gleichschaltung" vollzog sich in den Jahren 1933/1934; dabei verloren auch die Länder des Reiches ihre Eigenständigkeit.

Holocaust/Shoa: Das griechische Wort „holocauston" bezeichnete ursprünglich ein Brandopfer von Tieren. Seit Ende der 1970er-Jahre wurde damit die systematische Vernichtung der europäischen Juden während der nationalsozialistischen Herrschaft bezeichnet. Immer öfter wird für dieses Verbrechen auch der Begriff Shoa verwendet. Das hebräische Wort bedeutet „plötzlicher Untergang, Verderben".

Konzentrations- und Vernichtungslager: Konzentrationslager sind in totalitären Staaten ein Mittel, politische Gegner und missliebige Minderheiten auszuschalten oder zu beseitigen. In Deutschland errichteten die Nationalsozialisten das erste Konzentrationslager im März 1933 in Dachau. Viele weitere kamen hinzu. Zuerst mussten die Häftlinge für Projekte der SS Zwangsarbeit leisten, später dann für die Rüstungsindustrie. Ab 1941 wurden Vernichtungslager eingerichtet. Sie dienten der systematischen Vernichtung der Menschen durch Gas, Massenerschießungen, Zwangsarbeit oder durch sadistische Quälereien und Hunger. In den Vernichtungslagern und in den Konzentrationslagern wurden bis 1945 mindestens zwischen 5 und 6 Millionen vor allem jüdische, aber auch viele andere Häftlinge getötet, darunter 500 000 Sinti und Roma.

„Machtergreifung": Die NSDAP feierte den 30. Januar als Tag der „Machtergreifung". Doch nicht sie hatte die Macht „ergriffen", Reichspräsident Hindenburg hatte Hitler lediglich die Kanzlerschaft und die Aufgabe der Regierungsbildung übertragen. Das war keine Revolution, es war ein Regierungswechsel auf formaljuristisch legalem Wege. Erst im Prozess der „Gleichschaltung" der nächsten Monate vollzog sich die eigentliche unrechtmäßige Machtergreifung.

Nationalsozialismus: Der Begriff bezeichnet die völkische, antisemitische, nationalistische Bewegung in Deutschland (1919–1945), die sich 1920 als Nationalsozialistische Deutsche Arbeiterpartei (NSDAP) organisierte und unter Führung Adolf Hitlers in Deutschland 1933 eine Diktatur errichtete. Mit dem Begriff soll zudem die Zielsetzung der Nationalsozialisten umschrieben werden, unter strikter Ablehnung des marxistischen Sozialismus die eigene Nation durch innere soziale Versöhnung zur klassenlosen „Volksgemeinschaft" zu entwickeln.

„Nürnberger Gesetze": Der Begriff gilt als zusammenfassende Bezeichnung für das „Reichsbürger-Gesetz" und das „Gesetz zum Schutze des deutschen Blutes und der deutschen Ehre", die anlässlich des Nürnberger Parteitags der NSDAP am 15. September 1935 verabschiedet wurden. Danach sollten die „vollen politischen Rechte" zukünftig nur „Staatsangehörigen deutschen oder artverwandten Blutes" zustehen. Die „Nürnberger Gesetze" verbreiterten die juristische Basis für die Diskriminierung und Verfolgung der Juden in Deutschland. Bereits das Berufsbeamtengesetz von 1933 hatte Weichen für diese Entwicklung gelegt: Jüdische Beamte wurden aus dem öffentlichen Dienst entfernt und Ärzten, Apothekern sowie Anwälten wurde die Berufszulassung entzogen. Jüdische Studenten wurden vom Studium ausgeschlossen, Schulkinder wurden in der Schule isoliert und schließlich in besonderen „Judenschulen" konzentriert. Mit Juden zu verkehren oder Geschäftsverbindungen zu unterhalten war verboten, ebenso Ehen oder außereheliche Beziehungen zwischen Juden und Nichtjuden.

Systematische Vernichtung der europäischen Juden/Völkermord: Als Völkermord (Genozid) wird die Absicht bezeichnet, eine Bevölkerungsgruppe aus religiösen, rassischen, ethnischen oder nationalen Gründen völlig oder weitgehend zu vernichten. Zwar wurden schon in der Antike und im Mittelalter bestimmte Völkerschaften und Volksgruppen teilweise oder völlig vernichtet, ungleich größere Ausmaße erreichte der Völkermord allerdings zu Beginn der Neuzeit (z. B. weitgehende Vernichtung der Indianervölker Nord-und Südamerikas) und vor allem im 20. Jahrhundert. Durch die bürokratische Organisation und technische Durchführung ist die systematische Vernichtung der europäischen Juden ein in der Geschichte einzigartiges Verbrechen gegen die Menschheit.

Basiswissen der Oberstufe

Adolf Hitler (1889–1945), deutscher Politiker und Reichskanzler (1933–1945)
Porträtkarte, 1933.

1933–1945: die Zeit des Nationalsozialismus

Als Adolf Hitler, der Führer der NSDAP, am *30. Januar 1933* vom Reichspräsidenten zum Kanzler ernannt wurde **(„Machtergreifung")**, dachten seine Koalitionspartner – allen voran Vizekanzler Franz von Papen –, dass man Hitler „einrahmen" und als Marionette benutzen könnte. Hitler ließ sich jedoch weder einrahmen noch benutzen. Innerhalb nur weniger Monate schaffte er es, mit teilweise durchaus legalen Mitteln die zentralen demokratischen Institutionen auszuhebeln. Die „Verordnung zum Schutz von Volk und Staat" *(„Reichstagsbrandverordnung")* schränkte die Grundrechte ein und diente in erster Linie zur Ausschaltung oppositioneller Kräfte und politischer Gegner (v. a. KPD-Mitglieder). Das „Ermächtigungsgesetz" ermöglichte es Hitler, ohne Zustimmung des Reichstags Gesetze zu erlassen. Mit weiteren Maßnahmen (z. B. Verbot anderer Parteien oder Gewerkschaften, Vereidigung der Soldaten auf seine Person) gelang es ihm, konkurrierende Kräfte inner- wie außerhalb seiner Partei auszuschalten und skrupellos alle Machtbefugnisse in seiner Hand zu vereinen **(„Gleichschaltung")**. Die parallelen Strukturen von Partei und Staat halfen ihm dabei, den Aufstieg von Gegenspielern zu verhindern und seine Position als „Führer und Reichskanzler" (Zusammenlegung der Ämter des Reichskanzlers und des Reichspräsidenten) zu festigen. Mit einer Mischung aus Terror und Propaganda sicherte er seine Herrschaft in Deutschland und versuchte, seine menschenverachtende Ideologie durchzusetzen. Damit verursachten Hitler und seine Bewegung sowohl den Massenmord an den europäischen Juden **(Holocaust/Shoa)** und anderen Bevölkerungsgruppen als auch den Zweiten Weltkrieg. Mit dem Freitod Hitlers (30. April 1945) und der bedingungslosen Kapitulation endeten im Mai 1945 der Krieg in Deutschland und mit ihm das **„Dritte Reich"**.

Das Ideal der „Volksgemeinschaft"

Ein wichtiges Mittel, um in der Bevölkerung die Akzeptanz des Regimes zu erreichen und zu erhalten, war die nationalsozialistische Ideologie. Hitler vereinte darin eine Mischung von völkischem und rassistischem Gedankengut des 19. Jahrhunderts. Was den Deutschen dabei durchaus entgegenkam, war das Ideal der *„Volksgemeinschaft"*. Dieses wurde als Gegenbild zur pluralistischen demokratischen Gesellschaft propagiert. Als Vorbilder dienten (nicht realistische) Vorstellungen von einer germanischen Volksnatur und die im Ersten Weltkrieg angeblich gelebte „Frontgemeinschaft" der Soldaten. Die Gemeinschaft der nationalsozialistischen Volksgenossen sollte gemäß dem Motto „Du bist nichts, dein Volk ist alles" gemeinsam an einem Strang ziehen und so die vorhandenen sozialen, wirtschaftlichen und politischen Probleme lösen. Privilegien sollte es keine geben, die vorhandenen Unterschiede in Herkunft und Vermögen, Beruf und Bildung wurden geleugnet. Als Ideale galten Opferbereitschaft bis hin zur Selbstaufgabe, Härte gegen sich und andere sowie äußerste Leistungsbereitschaft für Volk und Vaterland. Individualismus hingegen war verpönt. Um die Bürger in dieser Hinsicht zu disziplinieren, wurde auf allen Ebenen des Staates (wie schon vorher in der Partei) das *Führerprinzip* verwirklicht und mithilfe von Reichswehr, Arbeitsdienst und NS-Organisationen (z. B. Hitlerjugend, Bund Deutscher Mädel, verschiedene Berufsverbände) eine Militarisierung der Gesellschaft durchgeführt, der sich kaum jemand entziehen konnte. Gegenseitige Überwachung und Bespitzelung, aber auch verschiedene Hilfsorganisationen (z. B. Winterhilfswerk, Kraft durch Freude) verhinderten das öffentliche Ausscheren Einzelner. Bei Großveranstaltungen wie den Reichsparteitagen zelebrierte man die Volksgemeinschaft und verherrlichte Hitler als deren unumstrittenen Führer. Die Propaganda bediente sich auch moderner Massenmedien wie Zeitung, Radio („Volksempfänger") oder Kino („Wochenschau"), um die Erfolge des Regimes und des Führers Adolf Hitlers bekannt zu machen. Es gab außerdem eine Vielzahl

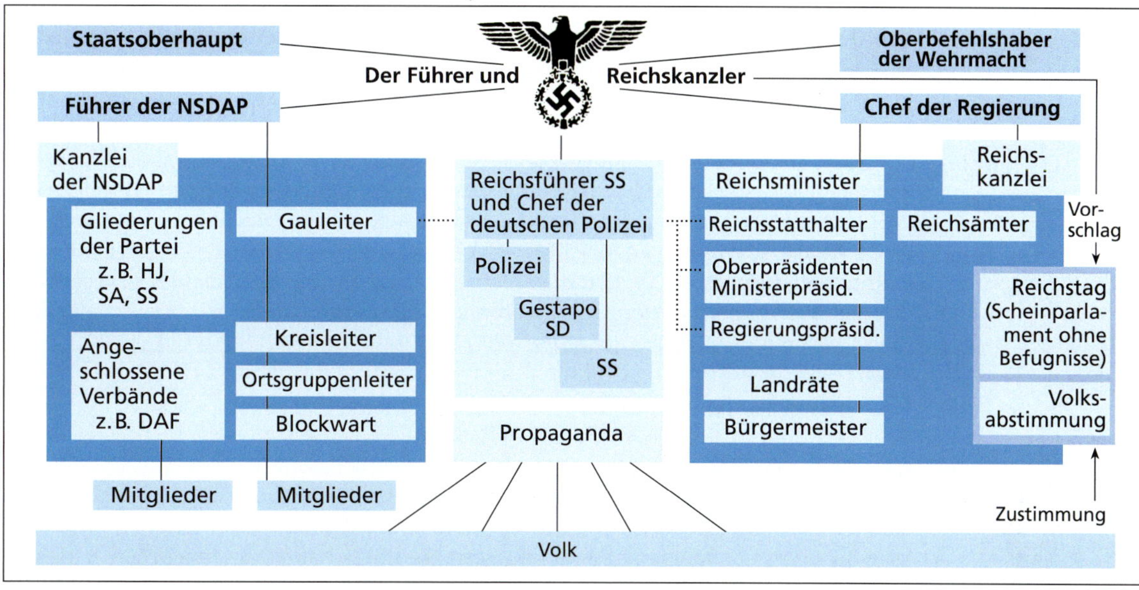

Schema des nationalsozialistischen Herrschaftssystems

von politischen und gesellschaftlichen Veranstaltungen, bei denen die Partei und ihre Vertreter glänzen konnten. Um Hitler wurde ein *Führerkult* inszeniert: Er war das Idol vieler, in Bildern oder in Rundfunk und Presse war er allgegenwärtig. Erkennbare Missstände wurden nicht ihm, sondern untergeordneten Parteikadern oder Beamten angelastet, was der häufig geäußerte Spruch „Wenn der Führer das wüsste, …" unterstreicht.
Gerade in den mittleren Jahren des **„Dritten Reiches"** – nach den Unruhen der Machtübernahme und vor Kriegsbeginn – konnten sich also viele Deutschen mit dem Regime identifizieren. Die Erfolge von Hitlers außenpolitischer Vabanque-Politik oder die scheinbar florierende Wirtschaft – propagandistisch aufgewertet und beschönigt – gab ihnen das Gefühl, in einem geachteten und gesicherten Staat zu leben. Die vielen, durchaus sichtbaren negativen Aspekte von Hitlers Staatsführung wollten viele nicht wahrhaben. Sie fühlten sich in der „Volksgemeinschaft" durchaus wohl und geborgen. Alle Menschen aber, die nicht dem Ideal des „arischen" („nordischen") Menschen entsprachen, also Juden, Sinti und Roma, Behinderte, Homosexuelle und sogenannte Asoziale (z. B. Obdachlose), aber auch die Kommunisten als die politischen Hauptgegner wurden ausgegrenzt, in **Konzentrationslagern** eingesperrt oder getötet.

Der Antisemitismus als Teil der Rassenlehre

Ein wesentlicher Bestandteil der NS-Ideologie war die *Rassenlehre*, derzufolge es verschiedene menschliche Rassen gab, die als nicht gleichwertig angesehen wurden. Als am höchsten stehende Rasse galt die der „Arier", also der nordischen Menschen. Zu diesen gehörten auch und vor allem die Deutschen. Als minderwertige „Untermenschen" sah man Slawen, Menschen mit schwarzer Hautfarbe und Juden (Semiten) an: In einem ewigen Kampf der Rassen untereinander würden die Arier sich als siegreiche Rasse durchsetzen. Diese hätten das natürliche Recht, alle anderen zu unterwerfen. Die Untermenschen sollten letztendlich ausgerottet oder versklavt werden. Diese von den Nationalsozialisten verbreiteten Thesen knüpften an Ideen aus der Zeit des Imperialismus an, mit denen die Herrschaft der Europäer über die anderen Völker gerechtfertigt wurde. In einer falschen

Übertragung der Evolutionstheorie von Darwin („Survival of the Fittest") auf den Menschen schloss man vom technischen Vorsprung der Europäer auf deren rassische Überlegenheit. Im Gegensatz zum Antijudaismus des Mittelalters und der Frühen Neuzeit, der vor allem religiös und ökonomisch begründet wurde, bekam der „moderne" **Antisemitismus** eine ethnische Komponente: Die Juden wurden jetzt primär als Volk oder als Rasse definiert. So konnten auch assimilierte Juden – sogar wenn sie getauft waren und seit Jahrhunderten in Europa lebten – als nicht gleichwertig ausgegrenzt werden. Den Juden wurde auch eine große Weltverschwörung angedichtet. Angeblich zielten sie darauf ab, die höherwertigen Rassen zu unterwandern und quasi von innen heraus als „Volksschädlinge" zu vernichten. Um diesen Plan umzusetzen, vermischten sich die Juden – so die nationalsozialistische Ideologie – mit den Ariern und infizierten so das gesunde Volk.

Die Situation der Juden bis 1933

Mit der Gründung des Kaiserreichs 1871 hatten die Juden erstmals die rechtliche Gleichstellung als vollwertige Staatsbürger erhalten. Schon seit dem 19. Jahrhundert hatten sich viele der etwas mehr als einer halben Million Juden in Deutschland um Assimilierung, also um Anpassung, bemüht. Viele unterschieden sich – wenn überhaupt – nur noch in religiöser Hinsicht von den anderen Bürgern. Sie übten häufig akademische Berufe aus. Es gab zwar auch eine kleine, sehr wohlhabende Oberschicht, aber die meisten Juden gehörten dem mittleren oder dem Kleinbürgertum an. Deutlich unterschied sich die Gruppe der Ende des 19. Jahrhunderts aus Osteuropa eingewanderten Juden. Diese waren durch Traditionen, Lebenshaltung und Kultur deutlich zu erkennen und bildeten eine Art jüdisches Proletariat.

Die assimilierten Juden waren ein wichtiger Teil der deutschen Gesellschaft und Kultur. Sie brachten viele bedeutende Künstler, Wissenschaftler und Politiker hervor und fühlten sich ganz als Deutsche. Folgerichtig kämpften sie auch im Ersten Weltkrieg an der Front und ertrugen dieselben Beschwernisse wie alle anderen Bürger. Trotzdem hatte es immer einen mehr oder weniger latenten **Antisemitismus** in der deutschen Gesellschaft gegeben, der sich teils in Witzen und Spottliedern, bisweilen aber auch in Benachteiligungen äußerte. Mit dem Ende des Krieges und der – unter anderem auch von jüdischen Aktivisten getragenen – Revolution verstärkte sich der Antisemitismus. Die Dolchstoßlegende erhielt eine antisemitische Variante, nach der die Juden die Ursache für Revolution, Niederlage und den Krieg selbst gewesen seien. Jüdische Politiker wurden zur Zielscheibe der rechten Propaganda, besonders die „Ostjuden" stilisierte man bald zum Inbegriff des „bösen" Juden, aus dem Mittelalter stammende Vorurteile wurden wiederbelebt. Juden galten überdies als Urheber moderner Ideen wie Demokratie, Liberalismus oder Sozialismus und waren als deren Vertreter den Rechten ebenfalls verhasst.

Der Antisemitismus im Dritten Reich

Mit der „**Machtergreifung**" wurde die NS-Ideologie zur staatlichen Doktrin. Schon bald wurden Maßnahmen ergriffen, die der Ausgrenzung der Juden und anderer unerwünschter Bevölkerungsgruppen dienten. Insgesamt kann man mehrere Phasen feststellen:

1933–1935 Ausgrenzung

Schon im März 1933 kam es zu ersten Boykottaufrufen gegen jüdische Geschäfte, Ärzte und Rechtsanwälte, die teilweise auch in Gewalt ausarteten. Die Bevölkerung war häufig (noch) nicht bereit, sich zu beteiligen. Auch gab es Proteste aus dem Ausland, sodass die Aktion abgebrochen werden musste. Stattdessen wurden Juden aus bestimmten Berufen, zunächst aus dem Beamtentum, ausgeschlossen, der Zutritt zum Studium wurde beschränkt. Die Errichtung der Reichskulturkammer erschwerte jüdischen Künstlern die Arbeit massiv.

1935–1938: „Nürnberger Gesetze" – Diffamierung und Deklassierung
Mit den **„Nürnberger Gesetzen"** und nachfolgenden Verordnungen wurden die Juden zu „Staatsangehörigen", also Bürgern zweiter Klasse, degradiert. Sie hatten weniger Rechte als ihre „arischen" Mitbürger. Eheschließungen und außerehelicher Geschlechtsverkehr zwischen Juden und Deutschen waren verboten, Juden durften keine Deutschen als Hausangestellte beschäftigen. In dieser Zeit kam es auch immer wieder zu staatlich geduldeten Übergriffen. Die genannten Maßnahmen sollten auch dazu dienen, die Juden zur Auswanderung zu zwingen. Da das Ausland aber emigrationswillige Juden alles andere als bereitwillig aufnahm und die Aussiedlung teuer und aufwendig war, ergriffen nur wenige diese Chance.
1938–1941: systematische Einschränkung der Lebensbereiche für Juden
In der Reichspogromnacht (9./10. November 1938) wurden reichsweit Synagogen und jüdische Einrichtungen zerstört, Juden terrorisiert und teilweise verschleppt und getötet. Für die Schäden mussten die Juden selbst eine Milliarde Mark aufbringen. Nahezu zeitgleich entstanden weitere Verordnungen, die die Entrechtung der Juden vervollständigten: Der Besuch von Schulen und Universitäten wurde Nichtariern untersagt, sie durften keinen Führerschein mehr haben. Jüdische Gewerbebetriebe mussten gekennzeichnet werden, Ärzten und Rechtsanwälten wurde die Zulassung entzogen. Somit waren die beruflichen und geschäftlichen Möglichkeiten der Juden erheblich eingeschränkt. Parallel dazu zwang man Inhaber von Geschäften dazu, diese weit unter Wert an Arier zu verkaufen. Andernfalls wurde der Besitz enteignet und an arische „Treuhänder" übergeben („Zwangsarisierung").
1941–1945: Holocaust/Shoa
Im Januar 1941 verpflichtete die Regierung die Juden, zur Kennzeichnung einen gelben Stern an der Kleidung zu tragen. Im Herbst begann die massenhafte Deportation in **Konzentrationslager** und *Gettos* im Osten. Bei der sogenannten Wannseekonferenz im Januar 1942 wurden die organisatorischen Maßnahmen zur Umsetzung der „Endlösung", also der Vernichtung aller Juden, ausgearbeitet. Juden aus Deutschland und den eroberten Gebieten wurden systematisch in **Vernichtungslager** transportiert, wo sie durch Arbeit „vernichtet", erschossen oder zu Hunderttausenden vergast wurden. Insgesamt fielen der nationalsozialistischen Verfolgung ungefähr 6 Millionen Juden zum Opfer, darüber hinaus etwa 500 000 Sinti und Roma sowie viele andere Häftlinge.

Die Haltung der deutschen Bevölkerung

Zu Beginn standen die meisten Deutschen den antisemitischen Umtrieben der NS-Bewegung skeptisch bis ablehnend gegenüber. Ab Ende Januar 1933 waren dann viele Maßnahmen durch die Staatsmacht gedeckt. Trotzdem gab es anfangs noch Proteste gegen sie oder man beteiligte sich nicht an ihnen, zum Beispiel an Boykottmaßnahmen. Fortschreitende Propaganda und scheinbare oder tatsächliche Erfolge Hitlers erhöhten in der Bevölkerung die Akzeptanz des Regimes und dessen Maßnahmen. Auch verlor man die anfängliche Solidarität mit den (inzwischen ehemaligen) jüdischen Mitbürgern. Von der wachsenden Entrechtung der Juden profitierten dann nicht wenige Deutsche ganz handfest, zum Beispiel durch die Berufsverbote für jüdische Konkurrenten oder deren Entlassung. Bei „Arisierungen" jüdischen Besitzes konnte man sogar große finanzielle Gewinne machen. Viele, nicht nur Parteimitglieder, bereicherten sich an der Einziehung und Versteigerung jüdischen Vermögens. Außerdem musste man selbst Repressionen fürchten, wenn man sich zu offensichtlich für Juden einsetzte.
Doch es gab auch in allen Schichten der Bevölkerung Menschen, die sich dem Nationalsozialismus widersetzten. Ihre Beweggründe waren höchst unterschiedlich, aber allen war der Glaube an bestimmte Grundnormen gemeinsam, selbst wenn diese verschiedenen Quellen entsprangen: religiöse Überzeugung, sozialistisches oder kommunistisches

- **1933–1935: Ausgrenzung**
  Boykottaufrufe gegen jüdische Geschäfte, Ärzte und Rechtsanwälte, Ausschluss aus bestimmten Berufen, beschränkter Zugang zum Studium
- **1935–1938: „Nürnberger Gesetze"**
  Diffamierung und Deklassierung, Juden als „Staatsangehörige" mit weniger Rechten
- **1938–1941: systematische Einschränkung der Lebensbereiche für Juden**
  Reichspogromnacht (9./10. November 1938), vollständige Entrechtung, „Zwangsarisierung" vieler jüdischer Geschäfte und Unternehmen
- **1941–1945: Holocaust/Shoa**
  Verpflichtung zum Tragen des Judensterns, massenhafte Deportation in Konzentrationslager und Gettos im Osten, Wannseekonferenz Januar 1942: Beschluss zur Durchführung der Ermordung der europäischen Juden

+

- Diffamierungen
- staatlich geduldete Übergriffe
- persönliche Beleidigungen
- willkürliche Verhaftungen
- antisemitische Propaganda durch Politiker und in den Medien
- Enteignungen
- Ermordung

↔

- Mitläufertum und stilles Einverständnis
- Glaube an die NS-Ideologie, Annahme finanzieller und beruflicher Vorteile
- Freude über Berufsverbote oder Entlassungen von Konkurrenten
- Teilnahme an Maßnahmen zur Zwangsarisierung
- Beteiligung an Deportationen und Ermordungen

↔

- Nichtbeteiligung
- Solidarität mit den Verfolgten
- Protest
- Widerstand

Antijüdische Maßnahmen und die Reaktionen der Bevölkerung

Gedankengut, liberale und demokratische Grundideen oder ganz praktische politische Motive. Trotzdem war der *Widerstand* keine organisatorische Einheit. Es gab Einzelpersonen, lose organisierte Gesprächskreise oder Verschwörergruppen, die meist nichts vom Tun der anderen wussten. Auch wurde Widerstand auf unterschiedliche Weise geleistet: durch die Verbreitung von Flugblättern, das Schreiben von Parolen an Hauswände, die Aufnahme von Verfolgten, das Abhören von „Feindsendern", die Sabotage in Rüstungsbetrieben oder die Planung und Durchführung von Attentaten auf Hitler oder andere führende Nationalsozialisten. Und obwohl man einfache Handlungen wie das Nichtverbreiten von antisemitischen Witzen oder das Grüßen eines jüdischen Nachbarn nicht zum Widerstand im engeren Sinne zählen kann, gab es doch auch solche Zeichen des Sichverweigerns und der Nonkonformität.

„Hitlers willige Vollstrecker"?

Mitte der 1990er-Jahre löste ein Buch des amerikanischen Historikers Daniel Goldhagen mit dem Titel „Hitlers willige Vollstrecker. Ganz gewöhnliche Deutsche und der Holocaust" eine Diskussion über die Frage aus, wie viel die Deutschen vom **Holocaust** und den anderen Verbrechen des **„Dritten Reiches"** wussten und inwiefern sie daran beteiligt waren. Sicher ist, dass viele Deutsche sehr viel mehr wussten oder ahnten, als sie nach dem Krieg bereit waren zuzugeben. Das Regime hatte von Anfang an den **Antisemitismus** gezielt durch Propaganda geschürt. Zudem waren viele Aktionen der Nationalsozialisten gegen Juden und andere missliebige Gruppen öffentlich angekündigt und auch durchgeführt worden. Jeder wusste, wo sich Konzentrationslager und ihre Außenlager befanden, und in der Umgebung waren immer wieder Häftlingsgruppen bei Außenarbeiten oder auf dem Marsch in Fabriken oder andere Arbeitsstätten zu sehen. Auch über die Mordaktionen im Osten konnte man durch Feldpostbriefe, Soldaten auf Urlaub oder Mitglieder der Besatzungsverwaltung etwas erfahren, wenn nicht sogar durch die BBC-Sendungen für deutsche Hörer. Es hätte also eine große Zahl von Deutschen - Forscher sprechen von etwa 20 Millionen - genauere Informationen haben können. Voraussetzung war allerdings, dass man bereit war, seine Einzelbeobachtungen zu einem - zweifellos grausigen - Gesamtbild zusammenzusetzen. Aber es gab ja nicht nur viele „Zeugen", sondern auch eine große Zahl von Tätern. Die **systematische Vernichtung der europäischen Juden** konnte nicht die Tat nur weniger führender Nationalsozialisten sein, die im Geheimen operierten. Stattdessen gehen Historiker mittlerweile von mindestens 200 000 deutschen Tätern aus, die sich allein an den Massenerschießungen im Osten beteiligten. Ein großer Teil von ihnen stammte aus bürgerlichem Milieu, viele waren Akademiker, die meisten hatten Familie. Keiner dieser Männer wurde durch Vorgesetzte gezwungen, sich an den Tötungen zu beteiligen. Die Forschung sucht seit Langem nach Gründen, die aus „normalen" Menschen Mörder machten. Ein Aspekt dürfte in der Biografie der Täter liegen, sie waren durch Erziehung und Sozialisation beeinflusst. Seit 1933 waren sie der antisemitischen Propaganda ausgesetzt gewesen. Hinzu kam die nahezu rechtsfreie Kriegssituation. Im Hinterland der Front besaßen die sogenannten „Einsatzgruppen" unbegrenzte Handlungsfreiheit, und im (Rasse-)Krieg - so die offizielle Lesart - gab es keine moralisch-ethischen Rücksichten. Auch der Gruppendruck und ein gewisser Gewöhnungseffekt dürften bei der Teilnahme an den Erschießungen eine nicht zu unterschätzende Rolle gespielt haben.

Zwar darf man nicht - wie auch geschehen - pauschal alle Deutschen als ein Volk von Tätern brandmarken, aber es gibt doch eine Reihe von Hinweisen, die deutlich zeigen, dass es sich bei der oft behaupteten völligen Ahnungslosigkeit mehrheitlich um eine Schutzbehauptung handeln dürfte.

Klausuraufgaben

a) Beschreiben Sie ausgehend von der Schemadarstellung des nationalsozialistischen Herrschaftssystems auf S. 39 die Position von Adolf Hitler im Dritten Reich.

b) Erläutern Sie, wie das Ideal der Volksgemeinschaft Hitlers Machtstellung unterstützte.

c) Vergleichen Sie die Position Hitlers mit der des Reichspräsidenten in der Weimarer Republik.

2.3 Die frühe Bundesrepublik – Erfolg der Demokratie durch „Wohlstand für alle"?

Wichtige Daten zur Orientierung

1945	Potsdamer Konferenz (17. Juli–2. August) Beginn der Entnazifizierung Nürnberger Prozesse (bis Oktober 1946)
ab 1947	Marshall-Plan: Aufbauhilfe der USA für Europa
1948	Währungsreform: Einführung der D-Mark in den Westzonen Blockade Westberlins durch die Sowjetunion; Versorgung der Stadt durch eine Luftbrücke Gründung des Staates Israel
1949	Gründung der Bundesrepublik (23. Mai) Gründung der NATO
1949–1963	Kanzlerschaft Konrad Adenauers („Ära Adenauer")
1955	Abschluss der Pariser Verträge: Regelung der Beziehungen der Bundesrepublik zur westlichen Staatenwelt; Rückgewinnung der Souveränität für die Bundesrepublik Beitritt der Bundesrepublik zur NATO

Grundbegriffe aus der Mittelstufe

Besatzungszonen: Nach dem Ende des Zweiten Weltkriegs wurde Deutschland in vier Besatzungszonen geteilt. Während die Sowjetische Besatzungszone (SBZ) im Sinne des Sozialismus umgestaltet wurde, orientierten sich die drei Westzonen an den politischen Vorgaben ihrer Besatzungsmächte (USA, Großbritannien, Frankreich).

Blockbildung: Als Blockbildung bezeichnet man die nach 1945 einsetzende Formierung von Staaten in zwei einander feindlich gegenüberstehenden „Blöcken" (einen westlichen und einen östlichen). Die Führungsmächte dieser Blöcke waren die USA und die Sowjetunion.

Die Deutsche Frage: Unter der Deutschen Frage versteht man die ungelöste nationale Frage, die durch die Teilung Deutschlands nach 1945 als Folge des Zweiten Weltkrieges und des Kalten Krieges entstanden war. Die Politik aller Bundesregierungen war bis 1990 darauf ausgerichtet, die Deutsche Frage offenzuhalten und damit die Einheit Deutschlands nicht aufzugeben. Durch die Wiedervereinigung am 3. Oktober 1990 wurde die Deutsche Frage gelöst.

Flucht und Vertreibung: Als Folge des verlorenen Zweiten Weltkriegs kam es zu einer riesigen Bevölkerungsbewegung von Ost nach West. Sie begann mit der Flucht von Deutschen vor der heranrückenden Roten Armee und fand ihren Höhepunkt in der systematischen Vertreibung aus Gebieten östlich der Oder-Neiße-Linie, der Tschechoslowakei und weiteren Gebieten Ost- und Südosteuropas. Insgesamt mussten 14 Millionen Deutsche ihre Heimat verlassen, viele kamen dabei um. Auch die Polen aus Ostgalizien mussten ihre Wohnorte verlassen, da diese nun zur Sowjetunion gehörten, und wurden in den nun ehemaligen deutschen Ostgebieten angesiedelt.

Kalter Krieg: Der Begriff wurde 1947 für den Ost-West-Konflikt geprägt. Beide Supermächte wollten angesichts der Gefahr einer atomaren Vernichtung einen „heißen" Krieg vermeiden, aber gleichzeitig doch ihre Machtstellung behaupten und ausbauen. Eingebunden in die feindlichen Militärbündnisse NATO und Warschauer Pakt bekämpften sich die beiden Weltmächte in Stellvertreterkriegen durch Spionage, Propaganda, wirtschaftlichen und politischen Druck.

NATO: Die NATO verstand sich während des Kalten Krieges zwar vorwiegend als westliches Verteidigungsbündnis gegen die Sowjetunion, verfolgte mit ihrer Gründung aber auch weitergehende Ziele, vor allem die Regelung internationaler Streitfälle, gemeinsamer Widerstand gegen bewaffnete Angriffe und Beistandspflicht. Neben der Führungsmacht USA gehören ihr Kanada und viele europäische Staaten an, die Bundesrepublik Deutschland seit 1955.

Währungsreform: Der Begriff Währungsreform besagt, dass eine alte Währung durch eine neue abgelöst wird. In Deutschland kam es 1923 und wieder nach dem Zweiten Weltkrieg zu einer Währungsreform. Am 20. Juni 1948 wurde in den drei westlichen Besatzungszonen durch die Besatzungsmächte die Ablösung der Reichsmark durch die „Deutsche Mark" (DM) durchgeführt. In der SBZ führte die Sowjetunion am 24. Juli 1948 ebenfalls eine eigene neue Währung ein, die zunächst ebenfalls „Deutsche Mark" (später „Mark der DDR") hieß.

Warschauer Pakt: siehe S. 54

Westintegration: Der beginnende Kalte Krieg zwang die westdeutschen Politiker dazu, nach starken Partnern zu suchen. Bundeskanzler Adenauer trieb deshalb die Westintegration der Bundesrepublik Deutschland durch den Beitritt zu wichtigen europäischen Bündnissen voran. Die Bundesrepublik wurde schrittweise Mitglied in den wesentlichen Organisationen der westlichen Staatengemeinschaft.

Basiswissen der Oberstufe

Die Situation am Kriegsende – die „Stunde Null"

Die Situation im Mai 1945 war eine völlig andere als die am Ende des Ersten Weltkriegs. Deutschland hatte die bedingungslose Kapitulation unterzeichnet und war von den Gegnern völlig besetzt, eine funktionierende deutsche Regierung gab es nicht mehr, stattdessen entschieden die Besatzungsmächte über alle Belange. Das Nazi-Regime war am Ende, seine Anhänger waren diskreditiert, fast alle größeren Städte boten ein Bild der Zerstörung. Die Nahrungsmittelsituation und die Versorgung mit Gütern des täglichen Bedarfs waren desolat, Strom- und Wasserversorgung sowie viele Straßen, Schienenwege und Brücken mussten erst wieder aufgebaut werden. Millionen von Flüchtlingen aus den Ostgebieten und den zerbombten Großstädten, heimkehrende Soldaten sowie die Befreiten aus den *Konzentrationslagern* befanden sich heimatlos auf der Suche nach Unterkünften. Der Schwarzmarkt blühte. Und obwohl viele Menschen geahnt hatten, dass es den Häftlingen in den Konzentrationslagern sehr schlecht erging, war der Schock über das tatsächliche Ausmaß des nationalsozialistischen Vernichtungssystems groß. Das Gefühl der Erleichterung über das Kriegsende und das Ende der nationalsozialistischen Herrschaft mischte sich mit Existenzängsten und einer gewissen Orientierungslosigkeit.

Die Weichenstellungen durch die Alliierten

Von Anfang an erklärten die Alliierten, dass sie Deutschland nicht befreit, sondern besiegt hätten. Mit der sogenannten Berliner Deklaration (5. Juni) übernahmen sie die alleinige Hoheitsgewalt. Als gemeinsames Organ für die vier **Besatzungszonen** wurde dafür der Alliierte Kontrollrat aus den Militärkommandeuren gebildet. In der *Konferenz von Potsdam*

(17. Juli–2. August 1945) sollten die noch offenen Fragen zwischen den USA, Großbritannien und der Sowjetunion geklärt werden. Die Ergebnisse wurden im Potsdamer Abkommen niedergelegt. Für die Behandlung Deutschlands sollten folgende Prinzipien gelten: *Demilitarisierung, Denazifizierung. Dezentralisierung, Demontagen, Demokratisierung.* Für die Hauptstreitpunkte, nämlich die von Deutschland zu fordernden Reparationen und die endgültige Festlegung der polnischen Westgrenze, wurden nur konfliktträchtige oder unscharf formulierte Kompromisse erreicht, da zwischen den USA und Großbritannien einerseits und der Sowjetunion andererseits schon deutliche Spannungen zutage traten. So begannen alle Besatzungsmächte bald, in ihren Zonen nach eigenen Vorstellungen zu handeln, zumal auch Begriffe wie Demokratisierung auf unterschiedliche Weise ausgelegt wurden.

Die Entnazifizierung und die Nürnberger Prozesse

Das Ziel der Alliierten bei der Entnazifizierung sollte es sein, Deutschland vom nationalsozialistischen Gedankengut zu befreien und die an den Verbrechen der NS-Zeit Beteiligten zu bestrafen. Sofort nach Kriegsende gab es Massenverhaftungen, die alle greifbaren Offiziere, höhere Beamte, Mitglieder der SS und alle NSDAP-Mitglieder mit irgendeiner, wenn auch nur untergeordneten Führungsposition betrafen. Ein Teil der Verhafteten kam aber nach einigen Monaten wieder frei. Aus dem Dienst entlassen wurden zunächst auch zahlreiche Beamte und leitende Angestellte, für NSDAP-Mitglieder gab es Berufsverbote. Später wurden jedoch – aus Mangel an geeignetem Fachpersonal – viele wieder eingestellt.
Wie auch bei anderen Maßnahmen unterschied sich das Vorgehen der Alliierten bei der *Entnazifizierung* in den einzelnen Zonen: Die amerikanische Besatzungsmacht wählte eine rigorose und sehr bürokratische Weise: Alle Erwachsenen hatten Fragebögen mit über 130 Fragen zu beantworten. Je nach Ergebnis der Erhebung mussten sich die Beschuldigten dann vor Spruchkammern verantworten und wurden schließlich in fünf Kategorien eingeteilt. Im Frühjahr 1946 gaben die Amerikaner die Verantwortung für die Entnazifizierung in die Hände der Deutschen. Insgesamt war die Aktion nicht von Erfolg gekrönt, weil es vielen gelang, sich durch falsche Leumundszeugnisse *(„Persilscheine")* zu entlasten. Für höhere Funktionäre wurden für einen späteren Zeitpunkt Prozesse vorbereitet, die aber wegen des heraufziehenden **Kalten Krieges** nicht mehr stattfanden. Stattdessen bestrafte man häufig unbedeutende Parteimitglieder unverhältnismäßig hart. Es kam auch zu Denunziationen und Korruption. Viele Deutsche fühlten sich auch durch den Generalverdacht diskriminiert und standen der Entnazifizierung mehr als kritisch gegenüber.
In der französischen und der britischen Zone führte man die Entnazifizierung im Vergleich dazu eher pro forma durch. Sie diente als Instrument zum Auswechseln der Führungsschichten.
Für die Sowjetunion war die Entnazifizierung ein Teil der „antifaschistisch-demokratischen Umwälzung", also des wirtschaftlichen, politischen und gesellschaftlichen Umbaus zum Sozialismus. Viele Personen wurden aus ihren Positionen entfernt und durch Kommunisten ersetzt. Die sogenannte „strukturelle Entnazifizierung" rechtfertigte Bodenreform, Enteignungen und Verstaatlichungen von Betrieben, Banken und größeren landwirtschaftlichen Gütern. Die Entnazifizierung diente außerdem dazu, Kritiker des neuen Systems unschädlich zu machen. Teilweise wurden die Beschuldigten ohne Gerichtsverfahren in Speziallagern – den ehemaligen Konzentrationslagern – untergebracht, in denen unerträgliche Haftbedingungen bestanden, an denen bis zur Auflösung der Speziallager im Januar 1950 etliche Häftlinge verstarben. Daneben wurden wirkliche oder auch angebliche Nationalsozialisten in Arbeitslager nach Sibirien verschleppt.
Der Begriff *Nürnberger Prozesse* bezeichnet den am 20. November 1945 (bis 1. Oktober 1946) eröffneten ersten Prozess gegen die noch lebenden 24 Hauptkriegsverbrecher der

nationalsozialistischen Führung sowie pauschal gegen ganze NS-Organisationen und deren Mitglieder (z. B. SS, SA, Gestapo) vor einem eigens eingerichteten Internationalen Militärgerichtshof. Später folgten weitere Prozesse in der amerikanischen **Besatzungszone**, unter anderem gegen Ärzte, Juristen, führende Personen aus der Wirtschaft. Ziel der Nürnberger Prozesse war die Offenlegung des verbrecherischen Charakters des NS-Regimes sowie die Bestrafung der deutschen Kriegsverbrecher. Während der Prozesse wurden zahlreiche verbrecherische Machenschaften des NS-Regimes aufgedeckt. Am Ende der sorgfältig durchgeführten Prozesse standen durchaus abgewogene Urteile, die sowohl Todesstrafen als auch Zeitstrafen und Freisprüche enthielten. Trotzdem wurde der Vorwurf der Siegerjustiz erhoben, was auch an der fehlenden Rechtsgrundlage für manche Anklagepunkte lag. Andererseits wurde in Nürnberg der Versuch unternommen, ein verbindliches Völkerrecht gegen ein verbrecherisches Regime zu etablieren. Bei nicht wenigen Bürgern aber bestärkten die Prozesse die Vorstellung, der Nationalsozialismus sei eine von wenigen Verbrechern an der Spitze des Regimes zu verantwortende Diktatur gewesen und nicht von einer breiten Masse getragen worden.

Territoriale Bestimmungen nach dem Potsdamer Abkommen

Die Umerziehung

Parallel zur *Entnazifizierung* wurde die Umerziehung (US-Zone: *Reeducation*) der Deutschen vorangetrieben. Ihr Ziel war die Umformung Deutschlands in eine friedliche und demokratische Gesellschaft. Dabei sollten kurzfristige Maßnahmen vor allem die erwachsene Bevölkerung erreichen, während langfristige Projekte, besonders in der Bildungspolitik, die jüngere Generation betrafen. Eine der ersten Maßnahmen war deshalb die Konfrontation der deutschen Bevölkerung mit den NS-Gräueln durch die Veröffentlichung von Berichten und Bildern aus den Konzentrationslagern und durch zwangsweise Besichtigungen vor Ort. Zur Aufklärung und positiven Darstellung demokratischer Errungenschaften wurden dann auch Hörfunksendungen, Zeitungen und Zeitschriften, Filmvorführungen, Podiumsdiskussionen und vielerlei andere Veranstaltungen benutzt. Über die Änderung von Lehrplänen und Lernmitteln glaubte man, das Bildungssystem demokratisieren zu können. Da aber viele der Lehrer Mitglieder der NSDAP oder des NS-Lehrerbundes gewesen waren, wurde zunächst versucht, den Unterricht durch Aushilfskräfte bestreiten zu lassen. Im Laufe der Zeit wurden viele der entlassenen Lehrer jedoch wieder eingestellt. Auch die Medien hatten zunächst strenge Auflagen zu beachten, die eine demokratische Haltung garantieren sollten. Vielen Menschen war die „Umerziehung" unangenehm, hielten sie doch die Lösung der materiellen Probleme für vorrangig. Auch schämten sich viele für die Niederlage im Krieg und wollten nicht auch noch belehrt werden. Vor allem bei jungen Menschen, die im Nationalsozialismus aufgewachsen waren, blieben manche Überzeugungen aus der Zeit des „Dritten Reiches" trotz „Umerziehung" noch lange unterschwellig vorhanden, obwohl man die Demokratie insgesamt durchaus akzeptierte.

Die Haltung der Deutschen gegenüber den Besatzungsmächten

Bei vielen Menschen war das Verhältnis zu den Alliierten zunächst durch persönliche Erlebnisse vor allem mit den Soldaten geprägt. Je nachdem, ob man zu Kriegsende Gewalt und Misshandlung oder vorsichtige Freundlichkeit erfahren hatte, war die Grundstimmung negativ oder positiv.

In der Regel waren die amerikanischen und britischen Soldaten eher beliebt, während von den französischen und sowjetischen nach den deutschen Kriegsgräueln Übergriffe verübt und befürchtet wurden. Dass etwa die Grausamkeiten „der Russen", von denen viele Flüchtlinge erzählten, mit den Verbrechen der Deutschen während des Krieges zusammenhingen, übersah man dabei oft. Auch wirkten hier noch die Ressentiments aus der NS-Zeit nach.

Die täglich bemerkbaren Beschränkungen und Kontrollen durch die Besatzungsmacht empfanden viele als lästig. Aber als die Versorgungsschwierigkeiten schrittweise behoben wurden, normalisierte sich das Leben langsam. Die von den USA im *Marshall-Plan* gewährten großzügigen Wirtschaftshilfen in Form von Waren und Krediten trugen zum Wiederaufbau und einem positiveren Amerika-Bild bei. Die **Währungsreform** in den Westzonen von 1948 brachte ein umfangreiches Warenangebot und unterband den Schwarzmarkt nahezu sofort. Als die Sowjetunion auf die Währungsreform mit der *Blockade der Westsektoren Berlins* antwortete und die Briten und Amerikaner die Stadt fast ein Jahr lang (bis Mai 1949) unter großen Anstrengungen über eine Luftbrücke versorgten, erfolgte schnell eine Solidarisierung der Westmächte mit den Deutschen, die diese mit wachsendem Vertrauen beantworteten. Aus den Besatzern wurden Beschützer. Hingegen verschlechterte sich das Ansehen der Sowjetunion nicht nur in Deutschland, sondern auch bei allen westlich orientierten Staaten. In den folgenden Jahren verband die Ausweitung des Ost-West-Konflikts die Deutschen in der Bundesrepublik immer mehr mit den Westmächten. Der amerikanische Lebensstil wurde in vieler Hinsicht zum Vorbild.

Die Entstehung der Bundesrepublik – Lehren aus Weimar

Schon mit der Umsetzung des *Potsdamer Abkommens* begann die unterschiedliche Entwicklung der Westzonen und der SBZ (Sowjetisch besetzte Zone). Ende 1947 beschlossen Briten und Amerikaner, ihre Zonen zu einem westdeutschen Teilstaat zu verbinden. Diesem Plan schlossen sich dann auch die Franzosen an. Im heraufziehenden **Kalten Krieg** bereiteten beide Seiten die Entstehung eines „eigenen" deutschen Staates vor. Am 1. Juli 1948 erhielten die Ministerpräsidenten aus den Westzonen von den Westalliierten den Auftrag, die Staatsgründung vorzubereiten. In den folgenden Monaten wurde eine Verfassung ausgearbeitet, die in vieler Hinsicht eine Antwort auf die Schwächen der Weimarer Verfassung war. So stehen im *Grundgesetz* die unveränderlichen Grund- und Menschenrechte an erster Stelle. Die Position des Bundeskanzlers ist gegenüber dem Parlament wie gegenüber dem Bundespräsidenten gestärkt. Letzterer hat vor allem repräsentative Aufgaben und wird nicht mehr direkt gewählt. Die Mitsprache des Volkes über Volksbegehren, die in der Weimarer Republik den Radikalen Gelegenheit zur Agitation gegeben hatte, wurde abgeschafft. Der Schutz der freiheitlich-demokratischen Grundordnung ist in der Verfassung niedergelegt („wehrhafte Demokratie"). Mit dem Inkrafttreten des Grundgesetzes am 24. Mai 1949 entstand die Bundesrepublik Deutschland. Zum ersten Bundeskanzler wurde Konrad Adenauer gewählt. Doch trotz der Staatsgründung war die Handlungsfähigkeit der deutschen Regierung vor allem im außenpolitischen Bereich durch Vorbehaltsrechte der Alliierten beschränkt.

Die Westintegration der Bundesrepublik

Die Entstehung der beiden deutschen Staaten – die Gründung der DDR erfolgte am 7. Oktober 1949 – geschah vor dem Hintergrund des heraufziehenden **Kalten Krieges**. Die USA und ihre Bündnispartner versuchten, die neu gegründete Bundesrepublik stärker in ihren Machtbereich einzubinden. Dafür war man auch bereit, den Deutschen mehr Souveränität zuzugestehen. Doch in den Köpfen der Deutschen war trotz der zweifachen Staatsgrün-

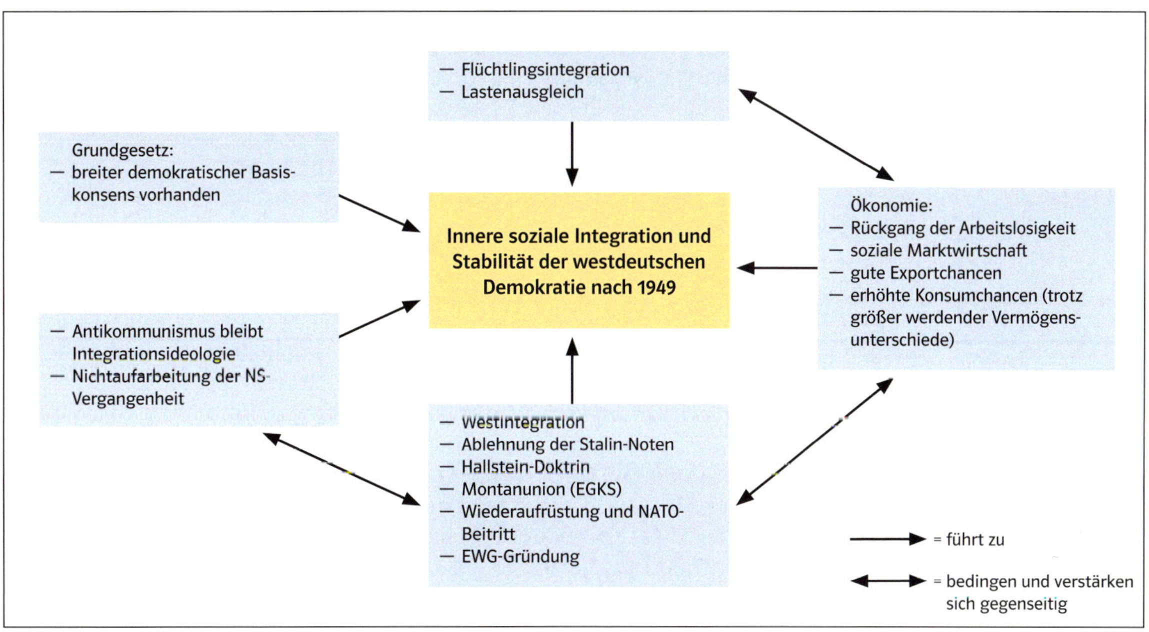

Die westdeutsche Demokratie

dung der Wunsch nach Einheit vorhanden. Man befürchtete, dass die *Integration in das westliche Lager* die Spaltung vertiefen und eine Einigung verhindern würde. Die bundesdeutsche Regierung unter Kanzler Adenauer entschied sich für den Weg, zuerst durch die Integration in die westliche Staatengemeinschaft die Souveränität und danach die Einheit erringen zu wollen. Das von ihm ausgehandelte Petersberger Abkommen von 1949 war ein erster Schritt zu mehr Handlungsfreiheit. Dafür trat die Bundesrepublik den ersten sich entwickelnden wirtschaftlichen und politischen Zusammenschlüssen auf europäischer Ebene bei.

Der Ausbruch des *Koreakrieges* (1950) zeigte, dass sich die Interessen der Supermächte weg von Europa hin zu neuen Brennpunkten verlagerten. Auch arrangierten sich sowohl die USA als auch die Sowjetunion mit dem Status quo in Europa. Deshalb und aus praktischen Erwägungen – die US-Truppen wurden nun verstärkt in anderen Weltgegenden gebraucht – wuchs der Wunsch der USA an einem eigenen Verteidigungsbeitrag der Westeuropäer und auch der Bundesrepublik. So wurde die Frage der *Wiederbewaffnung* aktuell. Sie wurde in der bundesdeutschen Gesellschaft sehr kontrovers diskutiert. Die Gegner – unter anderem die SPD, die Gewerkschaften und Teile der evangelischen Kirchen – wollten aus unterschiedlichen Gründen nur wenige Jahre nach Kriegsende keine deutsche Armee entstehen sehen. Viele Menschen hatten Angst vor einem erneuten Krieg, andere befürchteten, dass durch eine deutliche Westorientierung (ohne die eine Wiederbewaffnung nicht möglich war) die Wiedervereinigung in weite Ferne rückte. Auch Frankreich sperrte sich zunächst dagegen, sodass die sogenannten *Pariser Verträge* erst 1954 unterzeichnet und ratifiziert werden konnten. Die Bundesrepublik erhielt damit fast die volle innen- und außenpolitische Souveränität und trat der **NATO** und dem Beistandspakt der WEU (Westeuropäische Union) bei. Die Sowjetunion versuchte durch verschiedene Maßnahmen (z. B. Stalin-Noten 1952, Erklärung zur Deutschland-Frage 1955) dies zu verhindern, indem sie den Westdeutschen als Alternative die Wiedervereinigung mit der DDR anbot. Bis heute wird diskutiert, ob diese Vorschläge ernst gemeint waren oder nur der Propaganda und als Störmanöver dienten. Parallel zur **Westintegration** der Bundesrepublik wurde die DDR in den Ostblock eingebunden. Obwohl beide Staaten immer die Vorläufigkeit ihrer Entscheidungen betonten und den Wunsch nach einer Wiedervereinigung äußerten, wurde die Trennung immer weiter zementiert. In den folgenden Jahren sahen sich viele Bürger der Bundesrepublik im Vergleich zur DDR als die „besseren" Deutschen. Politisch äußerte sich das im *„Alleinvertretungsanspruch"*, mit dem die bundesdeutsche Regierung sich als einzige legitime Vertretung des gesamten deutschen Volkes ansah.

Konrad Adenauer (1876–1967), deutscher Politiker und Bundeskanzler (1949–1963)
Foto, 1949.

Konrad Adenauer als Integrationsfigur

Eine wichtige Rolle in den ersten Jahren der Bundesrepublik spielte der erste Kanzler Konrad Adenauer. Bis 1963 prägte er die Republik nachhaltig. 1949 mit nur einer Stimme Mehrheit gewählt, gelang es ihm in den 1950er-Jahren, eine breite Mehrheit in der Bevölkerung für seine Politik zu finden, was sich auch in sehr guten Wahlergebnissen widerspiegelte. Beides nutzte er für den Ausbau der Position des Kanzlers entsprechend der im Grundgesetz angelegten *Richtlinienkompetenz* („Kanzlerdemokratie"). Adenauer war ein deutlicher Befürworter der Westintegration und der Abwehr des Kommunismus. In einer schwierigen Zeit vermittelte er den Bürgern das Gefühl von wachsender Stabilität. Seine Führungsstärke trug auch zur Akzeptanz des demokratischen Systems sowie der Bundesrepublik an sich in der Bevölkerung bei. Politische Erfolge wie die Heimholung der letzten deutschen Kriegsgefangenen aus der Sowjetunion 1955 und die gelingende Wirtschafts- und Sozialpolitik machten Adenauers Leistungen deutlich, überdeckten aber auch die Schattenseiten seiner Regierung.

Ludwig Erhard (1897–1977), deutscher Politiker, Wirtschaftsminister (1949–1963) und Bundeskanzler (1963–1966)
Foto, 1958.

Das Wirtschaftswunder

Nach dem Ende des Krieges und angesichts der großen Zerstörungen sowie den Bedingungen der alliierten Besatzung (z. B. Demontagen, Kontrollen) sah es zunächst danach aus, als ob die wirtschaftliche Lage in Deutschland für sehr lange Zeit schlecht bleiben würde. Doch schon wenige Jahre später kam es durch die *Marshall-Plan-Hilfen* und die **Währungsreform** zu einem Aufwärtstrend. Die Gründung der Bundesrepublik trug ebenfalls zum Aufschwung bei.

Das zugrunde liegende Wirtschaftskonzept der *sozialen Marktwirtschaft* trug die Handschrift von Ludwig Erhard, zunächst Wirtschaftsdirektor der Bi-Zone, dann Wirtschaftsminister unter Adenauer. Laut diesem Konzept soll die grundsätzlich vorhandene und gewünschte wirtschaftliche Freiheit durch den Staat kontrolliert und reguliert werden, sodass soziale Härten verhindert werden und allen eine Beteiligung am Wohlstand ermöglicht wird.

In den 1950er-Jahren kam es dann zu so einem ungewöhnlichen und unerwarteten Wirtschaftswachstum, dass man von einem *„Wirtschaftswunder"* sprach. Die Ursachen hierfür lagen in der staatlichen Wirtschaftspolitik, die auch mit einem Beitritt der Bundesrepublik zu internationalen Organisationen (z. B. Internationaler Währungsfond, Zoll- und Handelsabkommen, OEEC) den Zugang zum Weltmarkt wieder eröffnete. Da es viele neue und damit moderne Produktionsanlagen sowie viele gut qualifizierte Arbeitskräfte gab, waren deutsche Waren hochwertig und – wegen des verhältnismäßig niedrigen Lohnniveaus – zugleich international wettbewerbsfähig. Das Sozialprodukt wuchs, die Löhne stiegen. 1958 war sogar die Vollbeschäftigung erreicht. Es entwickelte sich mit der Zeit eine relativ breite Mittelschicht, sodass viele Menschen vom wirtschaftlichen Boom profitierten. Der Lebensstandard verbesserte sich und die Grenze zwischen bürgerlichem und Arbeitermilieu verwischte sich. Die sukzessive eingeführten sozialen Leistungen (z. B. Ausgleichszahlungen für Flüchtlinge und Hinterbliebene, Versorgung für Kriegsopfer, staatliche Wohnungsbauförderung, Sozialversicherungen) schufen ein Gefühl der Sicherheit. Diese Entwicklung begünstigte auch die gesellschaftliche Integration der Flüchtlinge und Vertriebenen und vermittelte der Bevölkerung das Gefühl, dass man „wieder jemand war" in der Welt.

Der Wunsch nach Vergebung – das Verhältnis der Bundesrepublik zu Israel

Eine besondere und schwierige Aufgabe schon für die junge Bundesrepublik war der Umgang mit dem 1948 neu entstandenen Staat Israel. Kanzler Adenauer setzte sich bereits Anfang der 1950er-Jahre für eine Wiedergutmachung ein. In einem langen Entwicklungsprozess, in dem Widerstände in beiden Ländern überwunden werden mussten, kam es schließlich zur Entschädigung jüdischer Zwangsarbeiter durch deutsche Firmen, und die Bundesrepublik unterstützte in den folgenden Jahrzehnten Israel wirtschaftlich und politisch. Die Aussöhnung mit Israel wurde nur von der Bundesrepublik betrieben, da die DDR sich als neuer, antifaschistischer Staat verstand und eine Haftung für die Verbrechen des NS-Regimes ablehnte.

Die Defizite in der demokratischen Entwicklung

Trotz dieser beginnenden Aussöhnung und obwohl der positive allgemeine Aufwärtstrend in Deutschland die Akzeptanz des neuen demokratischen Staatswesens begünstigte, setzte sich das demokratische Denken nicht in allen Bereichen durch. Die nur teilweise und unter der Federführung der Alliierten – also „von außen" – durchgeführte Entnazifizierung hatte nicht alle Ideen des Nationalsozialismus beseitigen können. Viele Menschen wollten außerdem nicht alles an der Vergangenheit für schlecht halten. Man wünschte sich, einen Schlussstrich zu ziehen und positiv in die Zukunft zu sehen. Dazu verdrängte man die Verbrechen der Vergangenheit. Hinzu kam, dass durch Amnestiegesetze ehemalige Partei- und sogar Führungsmitglieder, vor allem gut ausgebildete, notwendige Experten, wieder hohe Stellungen im Staat (z. B. in Justiz oder Beamtenschaft, sogar in der Regierung) erhalten konnten. Auch die ehemaligen Besatzer und jetzigen Verbündeten hatten nun weniger Interesse daran, die Zeit des Nationalsozialismus aufzuarbeiten. Stattdessen wurde nun mit dem Kommunismus ein gemeinsames Feindbild beschworen. Viele dieser Defizite wurden erst durch die erneuten Prozesse gegen NS-Verbrecher und die gesellschaftlichen Entwicklungen der 1960er- und 1970er-Jahre aufgearbeitet.

Klausuraufgaben

a) „Bonn ist nicht Weimar“ – bei der Erstellung des Grundgesetzes versuchte man, die „Fehler“ der Weimarer Verfassung zu vermeiden. Nennen Sie zentrale Merkmale, in denen sich das Grundgesetz von der Weimarer Reichsverfassung unterscheidet.

b) Konrad Adenauer wurde von seinen Gegnern als „Kanzler der Alliierten“ beschimpft. Überprüfen Sie, welche Aspekte von Adenauers Politik eine solche Einschätzung hervorrufen konnten.

2.4 Die DDR – eine deutsche Alternative?

Wichtige Daten zur Orientierung

1946	Zwangsvereinigung von SPD und KPD zur Sozialistischen Einheitspartei Deutschlands (SED) (21./22. April)
1949	Gründung der DDR (7. Oktober)
1953	Volksaufstand in der DDR (17. Juni)
1955	Aufnahme der DDR in den Warschauer Pakt
1961	Bau der Berliner Mauer (13. August)
1968	Befürwortung der Niederschlagung des „Prager Frühlings“
ab 1985	Reformpolitik in der UdSSR
1989	Öffnung der innerdeutschen Grenze (9. November)
1990	„Tag der Deutschen Einheit“ (3. Oktober)

Grundbegriffe aus der Mittelstufe

Entspannungspolitik: Seit der Mitte der 1960er-Jahre wuchs das Interesse an einer Entschärfung des Ost-West-Konflikts. Zwar ging man weiterhin vom prinzipiellen Gegensatz der Systeme aus, man versuchte aber, durch Verhandlungen eine neue Vertrauensbasis zu schaffen und Missverständnisse auszuschalten. So kam es zu einem regelmäßigen Gedankenaustausch der Politiker, der zu wirtschaftlicher und kultureller Zusammenarbeit führte. Auch Verträge der Rüstungsbegrenzung wurden geschlossen. Diese Phase der Entspannungspolitik endete 1979.

Glasnost und Perestroika: Diese beiden russischen Wörter bedeuten „Offenheit“ und „Umbau“. Der sowjetische Staatschef Michail Gorbatschow führte sie in der zweiten Hälfte der 1980er-Jahre ein und kündigte damit eine totale Umkehr in der sowjetischen Innenpolitik an. „Offenheit“ (Glasnost) sollte nun in der Diskussion politischer Probleme herrschen, Kritik sollte erlaubt sein. Der „Umbau“ (Perestroika) sollte das wirtschaftliche System der Sowjetunion verändern.

Grundlagenvertrag: So heißt der 1972 geschlossene Vertrag zwischen der Bundesrepublik und der DDR. Seine Ziele waren: gutnachbarliche Beziehungen, Gleichberechtigung, Beachtung der jeweiligen Unabhängigkeit und Selbstständigkeit, Unverletzlichkeit des jeweiligen Staatsgebiets. In den beiden Hauptstädten Bonn und Ost-Berlin wurden „Ständige Vertretungen“ errichtet. Der Vertrag führte zu Erleichterungen im Reiseverkehr, allerdings vor allem von West nach Ost, kaum von Ost nach West.

Ostverträge: Im Rahmen einer Entspannung zwischen den USA und der Sowjetunion schloss die Bundesrepublik 1970 Verträge mit der Sowjetunion und mit Polen. Diese Verträge verpflichteten die Partner vor allem zum Gewaltverzicht und erklärten die bestehenden Grenzen für unverletzlich, einschließlich der Oder-Neiße-Linie und der Grenze zwischen der Bundesrepublik und der DDR. Die Ostverträge ermöglichten zwei Jahre später den Grundlagenvertrag zwischen der Bundesrepublik und der DDR.

Umbruch im Ostblock: Aufgrund der inneren Entwicklung in Polen (Solidarność) und in der Sowjetunion (Glasnost und Perestroika) versuchten auch die anderen Staaten des Ostblocks, mehr Spielraum für eine eigene Entwicklung zu finden. Der Umstand, dass die sowjetische Armee nun nicht mehr dazu da sein sollte, in anderen Ländern einzugreifen, um eine sozialistische Ordnung aufrechtzuerhalten (wie 1953 in der DDR, 1956 in Ungarn und 1968 in der Tschechoslowakei), beschleunigte den Vorgang der Selbstbefreiung bei den Gesellschaften des Ostblocks.

Warschauer Pakt: Der 1955 von der Sowjetunion gegründete Warschauer Pakt stellte ein Gegenbündnis zur NATO dar. Er war neben dem RGW (Rat für gegenseitige Wirtschaftshilfe) die wichtigste multilaterale Organisation des Ostblocks. Der Warschauer Pakt wurde 1991 aufgelöst.

Basiswissen der Oberstufe

Die Entstehung der DDR

Schon kurz nach Kriegsende zeigten sich Differenzen zwischen den Westalliierten und dem sowjetischen Diktator Stalin. Dieser wollte den sowjetischen Machtbereich in Europa möglichst weit ausdehnen. Dementsprechend versuchte er zunächst, Einfluss auf die Entwicklung von Gesamtdeutschland auszuüben. Parallel dazu wurde der Aufbau einer kommunistisch geprägten Gesellschafts- und Wirtschaftsordnung in der SBZ (Sowjetische Besatzungszone) vorangetrieben. Unterstützt wurde die Sowjetische Militäradministration (SMAD) dabei von deutschen Kommunisten, etwa von der nach ihrem Leiter benannten Gruppe Ulbricht, die aus dem Moskauer Exil in die SBZ einreiste. Aber auch bürgerlichen Politikern wurde eine Zusammenarbeit angeboten, sodass schnell Maßnahmen für einen politischen Neuanfang getroffen werden konnten. Rasch wurden Massenorganisationen (z. B. Freie Deutsche Jugend, FDJ oder Freier Deutscher Gewerkschaftsbund, FDGB) und Parteien (auch bürgerliche) zugelassen, die sich zum „antifaschistischen Block“ zusammenfanden. Die Schlüsselpositionen bei der „antifaschistisch-demokratischen Umwälzung“ waren allerdings mit sowjetfreundlichen Kommunisten besetzt. Auch die Entnazifizierung diente dieser grundlegenden Veränderung politischer und sozioökonomischer Strukturen. So zeichnete sich schon bald eine separate Entwicklung der SBZ ab: Zunächst wurden Banken und Großindustrie verstaatlicht, dann kleinere Betriebe. Die Enteignungen in der Landwirtschaft führten schließlich auch in diesem Bereich zur *Kollektivierung*. Bis 1948/1949 waren die Weichen zur sozialistischen *Planwirtschaft* gestellt.
Als klar wurde, dass die US-amerikanischen Truppen Europa nicht so schnell verlassen würden, verschärfte sich der heraufziehende Ost-West-Konflikt. Der Sonderweg der SBZ war nicht mehr aufzuhalten und gipfelte 1949 in der Gründung eines eigenen deutschen Staates – der DDR. Nach außen hin wurden alle Maßnahmen in diese Richtung als Reaktion auf entsprechende Entwicklungen im Westen dargestellt, um den Anschein zu erwecken, dass die Westalliierten immer den ersten Schritt zur Verfestigung der deutschen Teilung unternahmen.

Die Sozialistische Einheitspartei Deutschlands

Schon kurz nach Kriegsende waren in der SBZ die Parteien wieder zugelassen worden, darunter auch KPD und SPD. Unter dem Druck der sowjetischen Besatzungsmacht verschmolzen diese 1946 zur *Sozialistischen Einheitspartei* (SED). Gerade in der SPD wurde das Zusammengehen mit der KPD sehr kontrovers diskutiert. Einerseits sollte einer

Otto Grotewohl (1894–1964), deutscher Politiker und Ministerpräsident der DDR (1949–1964)
Foto, um 1952.

Zersplitterung des linken Lagers wie am Ende der Weimarer Republik Einhalt geboten werden, andererseits war klar, dass die KPD-Funktionäre eine Führungsrolle in der neuen Partei besitzen und deren Kurs bestimmen würden. Der SPD-Vorsitzende in der SBZ, Otto Grotewohl, erklärte sich schließlich zur Vereinigung bereit, nachdem immer mehr SPD-Mitglieder Repressionen der SMAD ausgesetzt waren. Der faktische Vorsitzende der SPD im Westen, Kurt Schumacher, war ein vehementer Gegner der Verschmelzung.
Die SED vertrat – wie die KPD – zunächst das Ziel, einen eigenen deutschen Weg zum Sozialismus zu beschreiten. Durch den sich verschärfenden Ost-West-Konflikt kam es aber zu einer – von der Sowjetunion gesteuerten – zunehmenden Ausrichtung am *Marxismus-Leninismus* nach dem Vorbild der KPdSU. Gleichzeitig schaltete die SED-Führung eher sozialdemokratisch orientierte Mitglieder durch Säuberungsaktionen aus, obwohl bei der Vereinigung Gleichberechtigung beider Ursprungsparteien vereinbart worden war. Wie in der KPdSU galt in der SED der sogenannte *demokratische Zentralismus*. Formal bedeutete das zwar eine Wählbarkeit der Parteifunktionäre und -gremien durch die Basis, aber in der Realität wurden die einzelnen Positionen von oben besetzt. So gab es keine innerparteiliche Demokratie, die Anweisungen wurden jeweils von der nächsthöheren Parteistelle ausgegeben. Die Hierarchie basierte auf einer strengen, teilweise mit Gewalt oder massiven Drohungen durchgesetzten Parteidisziplin, Abweichler wurden aus der Partei entfernt. Wer Mitglied werden wollte, konnte nicht einfach in die Partei eintreten, sondern wurde erst nach einer Anwartschaft und ideologischen Prüfung aufgenommen.

Walter Ulbricht (1893–1973), deutscher Politiker und Erster Sekretär des Zentralkomitees der SED (1950–1971) und Staatsratsvorsitzender der DDR (1960–1973)
Foto, 1955.

Die Bedeutung der SED im Staat

Schon in der SBZ war die Führungsposition der SED vorgezeichnet. Das galt nach der Gründung der DDR für das gesamte politische System. Bürgerliche Parteien und Massenorganisationen mussten sich der SED unterordnen, deren totalitärer Herrschaftsanspruch so nur notdürftig verschleiert wurde. Die politische Macht lag bei den Funktionären des Politbüros der SED. Ihr Generalsekretär war ab 1960 meist auch das faktische Staatsoberhaupt (offiziell war dies der gesamte Staatsrat), und alle wichtigen Positionen in Staat, Wirtschaft und Gesellschaft wurden mit SED-Mitgliedern besetzt. Ab 1968 war der absolute *Führungsanspruch der SED* auch offiziell in der Verfassung der DDR verankert (Art. 1). Für den Bürger stand die Treue zur Einheitspartei sogar noch über der dem Staat geschuldeten Loyalität. Von 1949 bis 1971 war Walter Ulbricht in verschiedenen Funktionen der mächtigste Mann in der SED und damit in der DDR. Sein Nachfolger, Erich Honecker, blieb bis 1989 an der Macht.

„Demokratie" in der DDR

Der Begriff „Demokratie" wurde in sozialistischen Staaten des Ostblocks grundsätzlich anders verwendet als in der westlichen Welt. Im Sozialismus ist Demokratie dadurch erreicht, dass die Staatspartei, in der DDR also die SED, als Vertreterin und Führerin der Werktätigen die absolute Macht im Staat ausübt (Parteidiktatur). Die sogenannte *Volksdemokratie* besteht in der beständigen Mitarbeit der „Arbeiterklasse und ihrer Verbündeten" und in der Tatsache, dass alle Produktionsmittel in der Hand des Staates – und damit des Volkes – sind. Der westliche Demokratiebegriff wird hingegen als Illusion bezeichnet. Gewaltenteilung, Parteienpluralismus oder freie Wahlen gab es in der DDR nicht. Die bürgerlichen Parteien erkannten offiziell den Führungsanspruch der SED an, die der Volkskammer angehörenden Vertreter der Massenorganisationen waren selbst in der Mehrheit SED-Mitglieder. Bei den Wahlen konnten die Wähler – häufig öffentlich – nur einer Einheitsliste ihre Stimme geben. Die Zusammensetzung der Volkskammer und die übermächtige Position der SED darin waren somit von vornherein festgelegt.

Die Gewerkschaften, die im Freien Deutschen Gewerkschaftsbund (FDGB) zusammengeschlossen waren, dienten nicht als Interessenvertreter der Arbeitnehmer, sondern als Organisationsgremien für die von der Regierung vorgegebenen Wirtschaftspläne und die Sozialpolitik. Ähnlich war die Rolle der anderen Massenorganisationen, deren Aufgabe darin bestand, die Bevölkerung in ihrer Breite zu erfassen und zusammenzuführen. Da die Inhaber der Führungspositionen jeweils durch die SED bestimmt wurden, war deren Führungsanspruch nicht gefährdet.

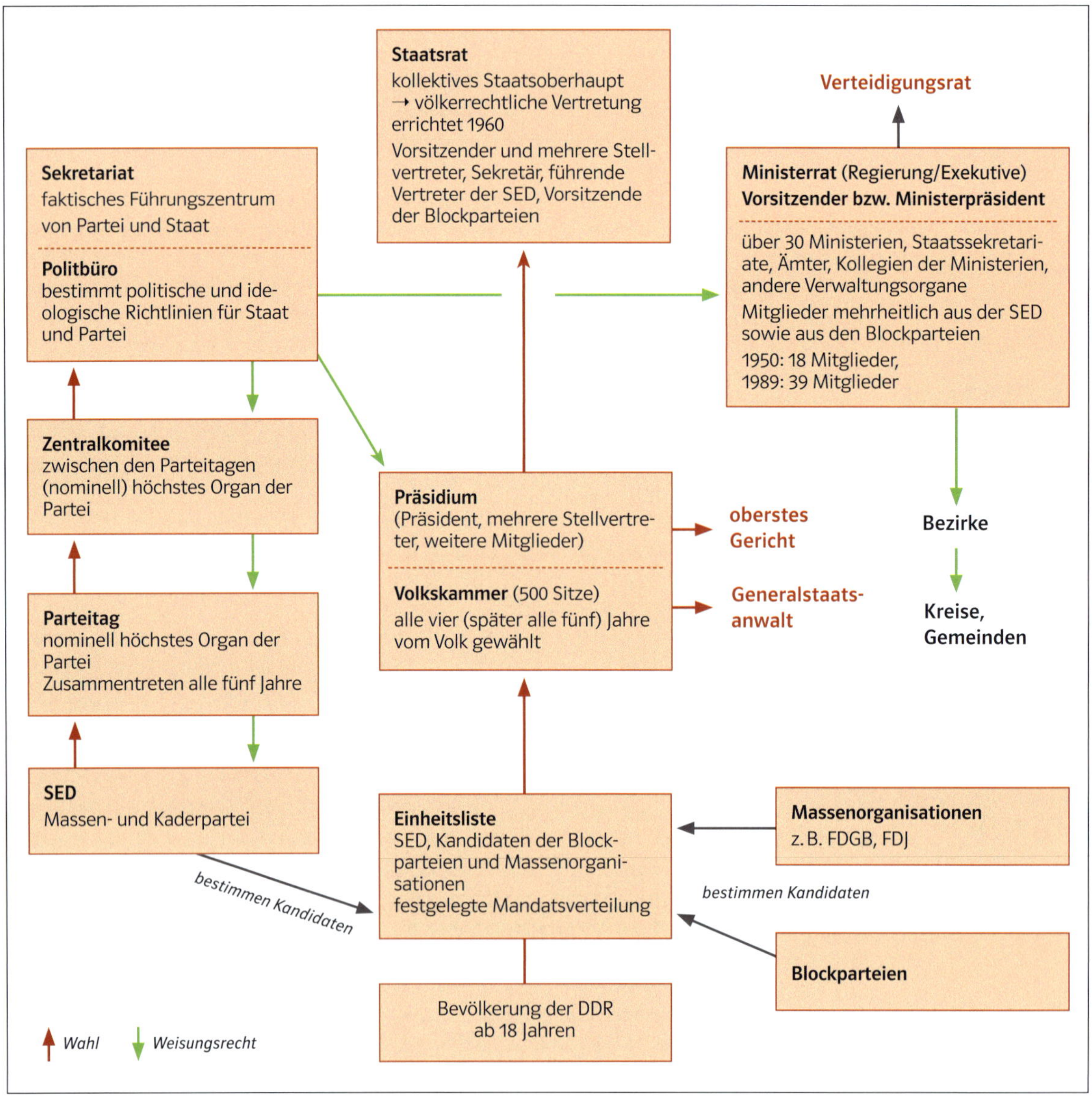

Das politische System der DDR

Anspruch und Wirklichkeit im „Arbeiter- und Bauernstaat“

So wie die sowjetische Besatzungsmacht von Anfang an alle Menschen in der SBZ dazu aufgerufen hatte, sich am Neuaufbau zu beteiligen, so waren in der DDR die Bürger ebenfalls aufgefordert, am Staat teilzuhaben. Tatsächlich wurden jedoch abweichende Meinungen nicht gestattet, und das 1950 errichtete *Ministerium für Staatssicherheit (Stasi)* war für die engmaschige Überwachung der Bevölkerung und die – häufig brutale – Unterdrückung jeglicher Opposition zuständig. Auch die Justiz ordnete sich dem Primat der Partei unter und entsprach mit ihren Urteilen den Vorgaben der SED. So waren alle, die sich nicht den sozialistischen Denkmustern unterwarfen und das vielleicht auch noch laut äußerten, Repressionen und Verfolgung ausgesetzt. Oft waren auch noch ihre Familien von Ausgrenzung betroffen. Im Laufe der Zeit baute die Stasi einen umfassenden Unterdrückungs- und Überwachungsapparat auf, außerdem wurden viele Menschen als informelle (also „nebenberufliche“) Mitarbeiter angeworben, die dann gezielt Freunde, Nachbarn oder Verwandte bespitzelten und entsprechende Informationen an die Stasi weitergaben. Die DDR nannte sich selbst einen „Arbeiter- und Bauernstaat“, die Macht übte jedoch die Einheitspartei aus. Deren Herrschaft wurde von der Sowjetunion – zunächst als Besatzungsmacht, dann als „befreundeter Bruderstaat“ – gestützt und gesichert. Dies zeigte sich 1953, als ein am *17. Juni* ausgebrochener Aufstand mithilfe von sowjetischen Panzern niedergeschlagen wurde. Der Aufstand hatte sich zunächst an der Erhöhung des Arbeitspensums (Arbeitsnorm) für die Arbeiterschaft entzündet, später aber auch politische Forderungen nach freien Wahlen und einem Ende der SED-Herrschaft beinhaltet.

Die Deutschlandpolitik der Bundesrepublik bis 1969

Weil es in der DDR weder eine Gewaltenteilung noch einen echten politischen Pluralismus oder freie Wahlen gab, wollte die Bundesrepublik die DDR nicht als legitimen Staat anerkennen. Die Bundesrepublik sah sich als alleinige, rechtmäßige Vertretung

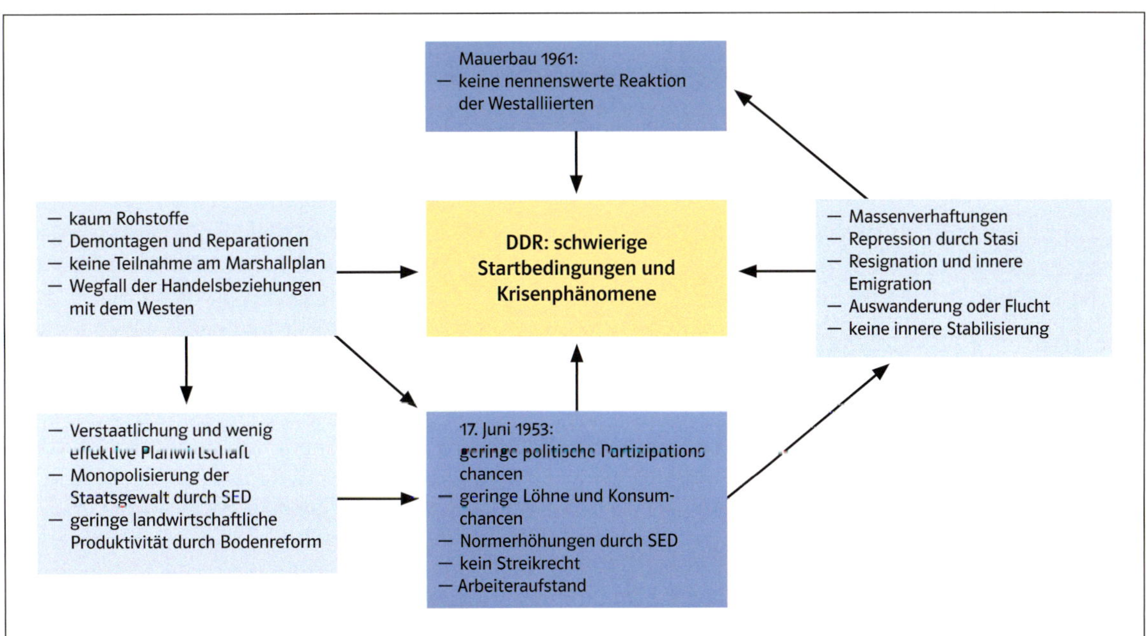

Die Anfangsjahre der DDR

des deutschen Volkes *(Alleinvertretungsanspruch)*. Dementsprechend verstand man es als „unfreundlichen Akt“ gegen die Bundesrepublik, wenn andere Staaten diplomatische Beziehungen zur DDR aufnahmen. Wenn ein Staat das tat, reagierte die Bundesregierung mit verschiedenen Sanktionen (z. B. Wirtschaftssanktionen oder Abbruch der Beziehungen) und versuchte so, ihren Alleinvertretungsanspruch durchzusetzen. Diese Leitlinie der Deutschlandpolitik, nach dem Staatssekretär des Auswärtigen Amtes *„Hallstein-Doktrin“* benannt, wurde von 1955 bis Ende der 1960er-Jahre verfolgt. In dieser Zeit gelang es weitgehend, die diplomatische Anerkennung der DDR durch nicht kommunistische Staaten zu verhindern. Zu dieser Haltung trug auch die anhaltende Fluchtbewegung nach Westdeutschland bei, die erst mit der immer stärkeren Befestigung der Grenze durch die DDR abebbte und schließlich 1961 durch den *Bau der Berliner Mauer* fast ganz beendet wurde. Kanzler Adenauer vertrat die Meinung, dass eine wirtschaftlich, politisch und militärisch starke Bundesrepublik einen unwiderstehlichen Sog auf den anderen deutschen Staat ausüben würde und so – nach der *Westintegration* – letzten Endes auch die Wiedervereinigung ermöglicht werde. Die Opposition widersprach dieser Ansicht, entwickelte zunächst aber keine eigenen konkreten Pläne. Die DDR versuchte ihrerseits, Handelskontakte und diplomatische Beziehungen über den Ostblock hinaus anzuknüpfen. Partner bei diesen Bemühungen waren die jungen Staaten der „Dritten Welt“.

Erich Honecker (1912–1994), deutscher Politiker, Generalsekretär des Zentralkomitees der SED (1971–1989) und Staatsratsvorsitzender der DDR (1975–1989)
Foto, 1976.

Die innere Konsolidierung der DDR

Auch die DDR besaß quasi einen Alleinvertretungsanspruch, sah sie sich doch im Vergleich zur Bundesrepublik als den weiterentwickelten Staat an und hielt den eingeschlagenen Weg in den Sozialismus für unumkehrbar. Als schließlich die Fluchtwege in den Westen sukzessive geschlossen wurden und das letzte Schlupfloch in Berlin durch den *Mauerbau* (13. August 1961) abgeriegelt war, veränderte sich das Selbstbild der DDR. Nicht nur die durch die Flüchtlingsströme ausgelösten wirtschaftlichen Probleme wurden beendet, sondern auch eine innenpolitische und mentale Konsolidierung erreicht. In den 1960er- und 1970er-Jahren wurde die Industrieproduktion erhöht, und der Lebensstandard der Bevölkerung verbesserte sich etwas. Die staatliche Führung versuchte, der Bevölkerung die Identifikation mit dem Staat zu erleichtern, die Repressionen gegen Abweichler wurden zurückgenommen. Viele Menschen begannen sich mit den Verhältnissen abzufinden. So kann man den 13. August 1961 auch als „heimlichen Gründungstag der DDR“ bezeichnen. Dennoch gab es immer noch Versorgungslücken, vor allem bei den Konsumgütern; die Menschen in der DDR mussten auf viele Annehmlichkeiten verzichten, die im Westen inzwischen alltäglich waren. Außerdem trat an die Stelle der offenen Repressionen jetzt eine noch umfassendere Bespitzelung (1988 gab es etwa 89 000 hauptamtliche und 109 000 inoffizielle Mitarbeiter der Stasi), und die staatliche Propaganda zielte auf eine Manipulation der Bevölkerung ab. Die Grenzen wurden hermetisch abgeriegelt und mit Selbstschussanlagen ausgestattet, an der Berliner Mauer herrschte für die Wachmannschaften die Anweisung, auf eventuelle „Republikflüchtlinge“ zu schießen.

Die neue Ostpolitik der Regierung Brandt

Seit Anfang der 1960er-Jahre verlor die Deutschlandfrage international an Bedeutung. Die Supermächte einigten sich auf die *Bewahrung des Status quo* in Europa und damit auch in Deutschland. Somit war der Weg frei für eine neue Art der Ostpolitik. Schon die Regierung der Großen Koalition (1966–1969) versuchte, mit Ostblockstaaten Verbindungen anzuknüpfen, hielt aber am Alleinvertretungsanspruch fest. Von diesem wich erst die sozialliberale Koalition unter Kanzler Willy Brandt ab. Egon Bahr, der enge Mitarbeiter von Kanzler Brandt, prägte eine wichtige Formel für diese neue Politik: Wandel durch Annäherung. Ziel war es nun, die innerdeutschen Gemeinsamkeiten zu stärken und für die Menschen in der DDR materielle und andere Verbesserungen (z. B. Erleichterung von Besuchen im Westen) zu erreichen, indem man die trotz aller politischen Hindernisse bestehenden Handelsbeziehungen ausweitete. Zu diesem Konzept gehörte auch eine Verbesserung der Beziehungen zu anderen Staaten im Osten. In den sogenannten **Ostverträgen** wurden zwischen 1970 und 1973 Gewaltverzichtsvereinbarungen mit der Sowjetunion, Polen und der Tschechoslowakei abgeschlossen, die Grenzen anerkannt und später auch diplomatische Beziehungen zu Ungarn und Rumänien aufgebaut. Nachdem die Sowjetunion dem Viermächte-Abkommen über Berlin zugestimmt und somit die Zugehörigkeit Westberlins zur Bundesrepublik akzeptiert hatte, unterzeichneten die DDR und die Bundesrepublik im Dezember 1972 den **Grundlagenvertrag**. Beide Staaten nahmen offizielle Beziehungen zueinander auf. Dabei räumte die Bundesrepublik dem SED-Staat nur die staatliche, aber nicht die völkerrechtliche Anerkennung ein. Aus Sicht der Weltöffentlichkeit wurde die DDR durch die Aufnahme in die UNO (zeitgleich mit der Bundesrepublik) offiziell anerkannt, die deutsche Teilung wurde als endgültig angesehen. Innenpolitisch waren die Ostverträge in der Bundesrepublik mehr als umstritten. Die Kontroversen wurden im Parlament und in der Öffentlichkeit geführt. Die vorgezogenen Bundestagswahlen 1972 wurden gleichsam als Abstimmung über die Außenpolitik der Regierung Brandt gesehen. Eine wenn auch knappe Mehrheit der Bevölkerung bestätigte jedoch deren Kurs. Der Ausgleich mit dem „anderen Deutschland" ermöglichte den Menschen vermehrt Kontakte zu Verwandten und Bekannten in der DDR. Auch die Handelsbeziehungen wurden intensiviert, da auch die nachfolgenden Bundesregierungen sich darum bemühten, die innerdeutschen Beziehungen aufrechtzuerhalten. Im Herbst 1987 besuchte Erich Honecker auf Einladung von Bundeskanzler Helmut Kohl sogar als Staatsgast die damalige Bundeshauptstadt Bonn. Dieser Besuch bedeutete den Höhepunkt des internationalen Ansehens der DDR.

Die wirtschaftlichen Probleme in den 1970er- und 1980er-Jahren

Trotz der Verbesserungen in den 1960er- und frühen 1970er-Jahren blieb die DDR wirtschaftlich immer mehr hinter dem Westen zurück. Die *Planwirtschaft* erwies sich als unflexibel und verhinderte dringend notwendige Modernisierungen sowie die Herstellung von wettbewerbsfähigen Produkten für den Weltmarkt. Die vom Sozialismus vorgeschriebene Arbeitsplatzgarantie für alle, die starke Subventionierung der Mieten und des Grundbedarfs der Bürger (Grundnahrungsmittel, Strom, Wasser, öffentliche Verkehrsmittel) sowie der Unterhalt der teilweise unrentablen staatlichen Betriebe führten zu hohen Kosten. Diese sollten teils durch den Verkauf von Produkten ins Ausland – die dann wiederum im Inland fehlten – oder durch Zahlungen aus der Bundesrepublik (z. B. „Freikauf" politischer Häftlinge, Straßennutzungsgebühr für die Transitstrecken zwischen West-Berlin und der Bundesrepublik) abgefangen werden. Doch wuchs die Staatsverschuldung im Laufe der Jahre stark an. Als der Ostblock von den Wirtschaftskrisen erreicht wurde, reduzierte die Sowjetunion ihre subventionierten Erdöllieferungen, um das Öl für einen höheren Preis anderweitig zu verkaufen. Polen und Rumänien erklärten sich gegenüber der DDR für zahlungsunfähig. Die DDR konnte in den 1980er-Jahren ihre Zahlungsfähigkeit nur durch eine Bürgschaft der Bundesregierung für Großkredite im Umfang von zwei Milliarden DM aufrechterhalten.

Die sozialen Entwicklungen

Die DDR-Führung hielt trotz der wachsenden wirtschaftlichen Defizite an der umfassenden Subventionierung der Lebenshaltungskosten ihrer Bürger fest. Damit sollte deren Zufriedenheit mit dem System erhalten werden („Versorgungsdiktatur"). Denn gerade die Loyalität der Menschen zur DDR konnte bis zu deren Ende nicht sichergestellt werden. Daran änderte auch die umfassende Propaganda nichts, welche die Leistungen des Staates und der Partei – oft im offenen Gegensatz zur Realität – immer wieder verkündete. Zu deutlich traten Missstände zutage: Immer wieder gab es Versorgungsengpässe bei Grund- und Konsumgütern, es fehlte an Wohnungen, und viele fühlten sich durch Staat und Partei bevormundet. Das Spitzelwesen der Stasi führte zu einer Atmosphäre des Misstrauens. Manche flüchteten sich in die Privatheit („Nischengesellschaft"), Jugendliche – vor allem in den Großstädten – fanden Zuflucht in Subkulturen. Meist unter dem Schutz der Kirche organisierten sich in den 1980er-Jahren vermehrt oppositionelle Gruppen, die politische Veränderungen, Menschenrechte und Umweltschutz forderten. Außerdem stellten Tausende Bürger Ausreiseanträge in die Bundesrepublik. Diese bildete über Jahrzehnte hinweg ein Gegenbild zur DDR. Über das Westfernsehen und die Verwandtenkontakte waren viele über das Leben im Westen informiert und entwickelten eine – häufig einseitig – positive Vorstellung von den dortigen Zuständen. Aber auch Nachrichten über politische Entwicklungen im In- und Ausland erreichten auf diesem Wege die Bevölkerung.

Michail Gorbatschow (geb. 1931), sowjetischer Politiker, Generalsekretär des ZK der KPdSU (1985–1991) und Präsident der Sowjetunion (1990/1991)
Foto, 1989.

Veränderungen im Ostblock

Immer wieder hatten Aufstände und Reformbewegungen gezeigt, dass die Menschen im Ostblock mit dem kommunistischen System unzufrieden waren. Diese Bewegungen waren – meist mit sowjetischer Hilfe – gewaltsam niedergeschlagen worden (z. B. DDR 1953, Ungarn 1956, Prag 1968). Dies entsprach der 1968 verkündeten *Breschnew-Doktrin*. Danach besaßen die sozialistischen Staaten nur eine „beschränkte Souveränität". Falls der Sozialismus irgendwo bedroht sein sollte, hatte die Sowjetunion das Recht, im jeweiligen Staat militärisch einzugreifen. Mitte der 1980er-Jahre erfolgte jedoch ein Kurswechsel in der Sowjetunion. Aufgrund von massiven wirtschaftlichen Schwierigkeiten kündigte der neue Generalsekretär der KPdSU, Michail Gorbatschow, grundlegende Reformen an. Er forderte mit den Schlagworten **Glasnost** (Offenheit, Transparenz) und **Perestroika** (Umgestaltung) eine Modernisierung von Staat und Partei, Gesellschaft und Wirtschaft in der Sowjetunion. Mit der Aufhebung der Breschnew-Doktrin wurde den anderen Staaten des Ostblocks die Möglichkeit zu einer eigenständigen Entwicklung und Demokratisierung geboten, die diese auch ergriffen.

Die Endphase der DDR

In der DDR hielt die SED-Regierung jedoch an ihrem bisherigen Kurs fest und verweigerte die dringend nötigen Reformen. Stattdessen wurde die Überwachung der Bürger intensiviert. Damit schwand der ohnehin nicht übermäßig große Rückhalt in der Bevölkerung weiter. Die Zahl der Ausreisewilligen stieg, und die vor allem unter dem Dach der Kirche agierenden Friedens-, Menschenrechts- und Umweltgruppen intensivierten ihre Bemühungen. Im Mai 1989 kam es bei den Kommunalwahlen zu Wahlfälschungen, was die Opposition in ihrer Ablehnung bestärkte. Aufkommende Proteste wurden von Sicherheitskräften gewaltsam beendet. Im Sommer begann Ungarn mit der Öffnung seiner Grenzen zu Österreich, und zahlreiche DDR-Bürger nutzten diese Gelegenheit zur Flucht in den Westen.
Die SED-Führung verkannte die Tatsachen und beging den *40. Jahrestag der Gründung der DDR* im Oktober 1989 mit prunkvollen Feierlichkeiten. Darauf reagierten die Menschen in mehreren Städten mit Protesten und Demonstrationen. Die Fluchtwelle über Ungarn verstärkte sich, und auch die Demonstrationen gegen das Regime gingen unter dem Motto „Wir sind das Volk!" weiter. Am Abend des *9. November* „fiel" in Berlin die Mauer, das heißt, die Grenzbeamten ließen die Bürger ungehindert in den Westteil der Stadt gehen, nachdem ein Politbüromitglied auf einer internationalen Pressekonferenz Reisefreiheit verkündet hatte. Die Politiker in Ost und West wurden von dieser schnellen Entwicklung überrascht.
Die SED-Führung versuchte zunächst, durch Reformen wenigstens einen Teil der Macht zu erhalten, doch sie geriet immer stärker ins Abseits. Viele Mitglieder traten aus der Partei

aus, und Berichte über Amtsmissbrauch und Korruption wurden veröffentlicht. Am 1. Dezember wurde sogar der Führungsanspruch der SED aus der Verfassung gestrichen. Bei einem Parteitag wurde eine Erneuerung der Partei und eine Umbenennung in SED-PDS (Zusatz: Partei des Demokratischen Sozialismus) beschlossen. Währenddessen wurden bei Demonstrationen Forderungen nach einer Wiedervereinigung Deutschlands laut. Andere Gruppen, zum Beispiel aus der *Bürgerrechtsbewegung*, sprachen sich dagegen für einen alternativen Weg aus: Die DDR sollte erhalten bleiben und in einen souveränen, demokratischen Staat umgebaut werden; man wollte einen „dritten Weg" zwischen Kapitalismus und dem gescheiterten, bisher praktizierten Sozialismus versuchen.

Die Wiedervereinigung

Die Gegner der Wiedervereinigung hatten jedoch keine Chance, ihre Vorstellungen wurden von der Mehrheit der Bevölkerung abgelehnt. Das zeigte die erste freie Wahl zur Volkskammer im März 1990. Wahlsieger wurde ein konservatives Wahlbündnis („Allianz für Deutschland"), das mit dem Ziel angetreten war, den raschen Beitritt der DDR zur Bundesrepublik nach Artikel 23 GG zu erreichen. Die SPD konnte die Wähler nicht in ausreichendem Maß für sich gewinnen. Sie hatte eine Vereinigung nach Artikel 146 angestrebt, was eine Neugründung Gesamtdeutschlands mit einer neuen gemeinsamen Verfassung bedeutet hätte. Auch Vertreter von Stufenplänen konnten sich nicht durchsetzen.
In Gesprächen mit den Siegermächten des Zweiten Weltkriegs *(Zwei-plus-Vier-Gespräche)* wurde dann der Ablauf der Wiedervereinigung ausgehandelt. Bereits im Mai erfolgte per Vertrag die Schaffung einer Wirtschafts-, Währungs-, und Sozialunion aus Bundesrepublik und DDR, im September gestanden die Sowjetunion, die USA, Frankreich und Großbritannien mit der Unterzeichnung des *Zwei-plus-Vier-Vertrags* einem vereinten Deutschland die volle Souveränität zu. Schließlich erfolgten durch den Einigungsvertrag die Auflösung der DDR und der Beitritt der neu gegründeten fünf Länder zur Bundesrepublik. Schon im Dezember wählten die Bürger die Abgeordneten des ersten gesamtdeutschen Bundestags.

Die DDR in der Erinnerung

Auf die überschäumende Freude über den Fall der Mauer und die Wiedervereinigung folgte bald Ernüchterung. Während deutlich wurde, dass die von der DDR übernommenen Altlasten (Umweltverschmutzung, marode Infrastruktur, überalterte Industriebetriebe) und deren Sanierung über Jahrzehnte hinweg viel Geld kosten würden, wurde auch den Bürgern in der ehemaligen DDR klar, dass der „goldene Westen" nicht einfach das Schlaraffenland war, das man sich immer erträumt hatte. Die Menschen mussten sich in einem für sie teilweise völlig neuen System zurechtfinden. Manche vermissten bald schmerzlich die vom SED-Staat zur Beruhigung des Staatsvolkes zur Verfügung gestellten Vergünstigungen und Subventionen. In der Erinnerung verklärte sich die Vergangenheit, und viele Menschen dachten und denken bis heute mit nostalgischen Gefühlen an ihr Leben in der DDR („Ostalgie"). Dabei werden die unangenehmen Aspekte (Stasi-Terror, Mangelwirtschaft, Reisebeschränkungen, Umweltverschmutzung, Willkür des Parteiapparates) verdrängt. Hinzu kommt, dass die in der Bundesrepublik zum Teil schmerzliche Aufarbeitung des Nationalsozialismus in der DDR nicht stattgefunden hatte. So ist der Umgang mit den beiden Diktaturen auf deutschem Boden für die Bürger alles andere als einfach.

Klausuraufgabe

Begründen Sie mithilfe des Verfassungsschemas auf S. 56, warum man behaupten kann, dass es sich bei der DDR nicht um einen demokratischen Rechtsstaat handelte.

3 Historische Komponenten europäischer Kultur und Gesellschaft

Worum es geht

Wer sich näher mit der Geschichte beschäftigt, wird bald erkennen, dass heute aktuelle Phänomene ihre Wurzeln in der Vergangenheit haben. Sogar vermeintlich ferne Epochen haben einen deutlichen Bezug zur Gegenwart. So wurden die Grundlagen der modernen Wissenschaften bereits in der Antike gelegt. Kritisches Nachdenken, logisches Vorgehen und ein genaues Abwägen von Argumenten gehören seit dieser Zeit zum wissenschaftlichen Denken. Im Spätmittelalter und in der Frühen Neuzeit wurden diese Ansätze wieder aufgenommen, beträchtlich erweitert und verbreitet. Auch die modernen Vorstellungen von „Völkern" und „Nationen" sind leichter auszuloten, wenn man deren historischen Ursprüngen nachgeht. Und eine Untersuchung der zunehmenden propagandistischen Verwertung des Volksbegriffes seit der Französischen Revolution kann dabei helfen, aktuelle politische Probleme zu verstehen, die ihre Wurzeln in der ethnischen Gemengelage Europas haben. Sogar viele grundlegende Elemente unseres heutigen Demokratieverständnisses wie die Trennung von Staat und Religion oder die Gewaltenteilung können bis zu ihren Anfängen im Mittelalter und der Frühen Neuzeit zurückverfolgt werden.

Ein deutscher Nationalmythos? Bildpostkarte von 1927 des Hermannsdenkmals im Teutoburger Wald (1838 von Ernst von Bandel begonnen, eingeweiht am 16. August 1875)

3.1 Wurzeln europäischer Denkhaltungen und Grundlagen moderner politischer Ordnungsformen in Antike, Mittelalter und Früher Neuzeit

Wichtige Daten zur Orientierung

um 600 v. Chr.	Beginn der antiken Philosophie in Griechenland
1. Jh. v. Chr.	Übergang Roms von der Republik zum Prinzipat (Kaiserreich)
751	Salbung des Karolingers Pippin des Jüngeren zum fränkischen König
800	Kaiserkrönung Karls des Großen
962	Krönung Kaiser Ottos I.
1077	„Gang nach Canossa"
1122	Wormser Konkordat
1215	Magna Charta Libertatum
1220 bzw. 1231/32	„Fürstengesetze" Kaiser Friedrichs II.
1355/56	Goldene Bulle
1648	Westfälischer Friede
1689	Bill of Rights
1787	Verfassung der Vereinigten Staaten von Amerika

Grundbegriffe aus der Unterstufe

Antike: Der Begriff Antike bezeichnet das Zeitalter des griechisch-römischen Altertums. Er wurde eingeführt, um die europäische Hochkultur vor der Etablierung des Christentums als einziger Religion (um 1000 v. Chr. – um 500 n. Chr.) vom christlichen Mittelalter (bis etwa 1500 n. Chr.) und der Neuzeit zu trennen.

Christentum: Mit dem Begriff werden alle christlichen Konfessionen bezeichnet, die sich auf Jesus von Nazareth als Religionsstifter berufen. Als religiöse Überzeugung aller Christen gilt der Glaube an einen persönlichen, dreieinigen Gott (Gott Vater, Gott Sohn, Heiliger Geist) als Schöpfer der Welt, an die Sündhaftigkeit der Menschen und die Erlösung durch Christus.

Demokratie: Die waffenfähigen Bürger Athens übten die Volksherrschaft direkt in der Volksversammlung aus. Allerdings bildeten sie eine Minderheit, da Frauen und Sklaven politisch rechtlos blieben. Der moderne Demokratiebegriff basiert dagegen auf den für alle geltenden Menschenrechten wie Gleichheit und Freiheit. Da in großen Staaten eine direkte Demokratie (Beteiligung aller Bürger an allen Entscheidungen) nicht möglich ist, werden Volksvertreter (Abgeordnete) in Parlamente gewählt (repräsentative Demokratie).

Dreißigjähriger Krieg und Westfälischer Friede:
siehe S. 5

Goldene Bulle: Mit „Bulle" wurde im Mittelalter ein Siegel aus Metall in kreisrunder Form, im übertragenen Sinn auch die durch das Siegel beglaubigte Urkunde bezeichnet. Die Goldene Bulle von 1355/56 ist das bedeutendste Grundgesetz des Heiligen Römischen Reiches. Es regelte die Stellung der Kurfürsten und die Wahl zum deutschen König (und damit faktisch auch zum Kaiser).

Hellenismus: Der Begriff, abgeleitet von „Hellenen" (= Griechen), bezeichnet die Zeit vom Tode Alexanders des Großen bis etwa 30 v. Chr., den Beginn der römischen Kaiserzeit. In dieser Zeit breitete sich die griechische Kultur im gesamten östlichen Mittelmeerraum aus und verschmolz teilweise mit den einheimischen Kulturen. Die hellenistische Kultur beeinflusste sehr stark die römische Kunst.

Kaiser: Den Titel Kaiser trägt der höchste weltliche Herrscher. Er entstand aus dem Namen Caesar und wurde als Titel nach dem Untergang des Weströmischen Reiches vom Byzantinischen Reich fortgeführt. Mit der Kaiserkrönung Karls des Großen 800 begründete sich das abendländische Kaisertum. Der Kaiser ist der Repräsentant der christlichen Völkergemeinschaft, die er beschützt. Eine besondere Rolle spielt der Schutz der Kirche und des Papstes.

König: Der König steht an der Spitze eines Personenverbandes, über die er bestimmte Befugnisse besitzt. Seine Macht ist regional beschränkt. Die Schutzfunktion, die der König innehat, beschränkt sich auf den jeweiligen Personenverband. Nach dem Kaiser ist er der höchste weltliche Herrscher. Der fränkische bzw. der deutsche König wurde von Adligen gewählt. Man hatte die Vorstellung, dass der König seine Herrschaft von Gott erhalten hat (Gottesgnadentum).

Reichskirche: So wird die Gesamtheit der hohen geistlichen Würdenträger im Reich (Erzbischöfe, Bischöfe, Äbte, Äbtissinnen) genannt. Auf diese stützten sich vor allem die ottonischen und salischen Könige. Sie setzten Männer ihres Vertrauens auf die wichtigen Kirchenposten und übertrugen ihnen auch wichtige weltliche Ämter, sodass sie mehr oder weniger wie Fürsten herrschen konnten. Im Gegenzug mussten die Bischöfe und Äbte den König beispielsweise im Krieg unterstützen oder als Berater dienen. So profitierten beide Seiten – König und Reichskirche – von dieser engen Verbindung.

Vasall: Unter einem Vasallen versteht man einen freien Mann, der sich freiwillig unter die Herrschaft eines anderen begab. Man unterscheidet zwischen Kronvasallen und Untervasallen. Kronvasallen standen unter der Herrschaft des Königs, der ihr Lehensherr war. Dies waren zumeist hochgestellte Adlige wie Bischöfe, Äbte, Herzöge und Grafen. Ein Untervasall war der Vasall eines Kronvasallen. Vasall und Lehensherr standen in einem gegenseitigen Treueverhältnis, der Vasall leistete Dienste und gab Rat, der Lehensherr versprach Schutz.

Basiswissen der Oberstufe

Die Welt des Mittelalters und der Frühen Neuzeit unterscheidet sich in nahezu allen Lebensbereichen stark von unseren heutigen Erfahrungen. Trotzdem sind grundlegende politische Prinzipien, die wir heute kennen und als Basis unserer westlichen Demokratie verstehen, in diesen vermeintlich fernen Jahrhunderten grundgelegt worden.

Die Anfänge der europäischen Philosophie

In allen alten Kulturen versuchten die Menschen, Naturphänomene, aber auch Fragen nach der Entstehung der Welt oder dem Ursprung der Menschen mithilfe von Göttergeschichten, sogenannten *Mythen*, zu erklären. Um 600 v. Chr. suchten in Ionien, der griechisch besiedelten Westküste Kleinasiens, zum ersten Mal die Naturphilosophen nach anderen Erklärungen. Sie wollten die Wirkungsprinzipien der Natur entdecken, suchten nach Erkenntnis und Wahrheit (griechisch philosophia = „Liebe zur Weisheit). Dabei bedienten sie sich der Gesetze der *Logik*. Sie dachten nach über den Urstoff der Welt, die

Elemente Wasser, Luft, Feuer und Erde und die Naturgesetze und interessierten sich auch für Mathematik, Musiktheorie und Astronomie. Den mythischen Geschichten setzten sie ihre *rationale Welterklärung* entgegen und begründeten so die Naturwissenschaften und die Philosophie. Ihr Ziel war es, mess- und beobachtbare Naturphänomene mithilfe des Verstandes zu interpretieren und logische Schlussfolgerungen daraus zu ziehen. Den Anstoß für diese veränderte Art des Denkens gab wohl die Auseinandersetzung mit den Hochkulturen und verschiedenen Religionen des Orients, mit denen die Griechen zu dieser Zeit verstärkt in Berührung kamen.

Athen als Zentrum der Philosophie

In dem etwas freiheitlicheren Klima der demokratischen griechischen Stadtstaaten, vor allem *Athens*, konnte die Philosophie leichter gedeihen als in Monarchien. Die Bedeutung der Rhetorik nahm durch die Anforderungen in der Volksversammlung zu. Nur wer ein guter Redner war, konnte politischen Einfluss gewinnen. Darauf baute eine Gruppe von Philosophen, *Sophisten* genannt, ihre Lehre auf. Sie waren professionelle Wanderlehrer, die rhetorische Fähigkeiten vermittelten und sich auch mit Poetik und Ethik beschäftigten. Bei ihren Überlegungen stellten sie den Menschen in den Mittelpunkt. Diesen sahen sie als das Maß der Dinge an, da Erkenntnis nicht unabhängig von der menschlichen Erfahrung möglich sei. Außerdem leiteten sie daraus ab, dass sittliche Gesetze (im Gegensatz zu den Naturgesetzen) relativ seien und ihre Gültigkeit deshalb begrenzt sei. Zwischen den Philosophen und den Anhängern des Götterglaubens kam es immer wieder zu Auseinandersetzungen, in deren Verlauf einige Philosophen (z. B. Protagoras, Sokrates) zum Tode verurteilt wurden. Trotzdem waren die Verbreitung der philosophischen Ideen und die Entwicklung der Naturwissenschaften nicht aufzuhalten.

Sokrates (469–399 v. Chr.), griechischer Philosoph
antike Marmorbüste.

Sokrates und Platon

Sokrates, einer der berühmtesten antiken Philosophen, hat selbst keine Schriften hinterlassen. Seine Ideen wurden durch andere Philosophen und Schriftsteller, vor allem durch seinen Schüler Platon, überliefert. Sokrates versuchte, seine Zeitgenossen durch Gespräche zur richtigen Erkenntnis zu führen. Dabei wies er durch geschickte Fragen seine Gesprächspartner auf Widersprüche in ihren Überzeugungen hin und leitete sie zum Gebrauch der Vernunft, sodass sie selbst zum richtigen Verständnis gelangten. Themen dieser Gespräche waren meist ethische Fragen, zum Beispiel über die Erkenntnis der Wahrheit und des Guten. Mit dieser systematischen, von Platon überlieferten Gesprächsführung begründete Sokrates eine neue, wissenschaftliche Art des logischen und kritischen Denkens. Dem Relativismus der Sophisten setzte Sokrates seine Überzeugung entgegen, dass es absolute, immer gültige ethische Normen gebe, an die der Mensch sich halten müsse. Konsequenterweise lehnte er es auch ab zu fliehen, als er zum Tode verurteilt wurde. Er unterwarf sich dem Gesetz und trank das für ihn vorgesehene Gift.

Platon (428/427–348/347 v. Chr.), griechischer Philosoph
antike Marmorbüste.

Auch Platon stellte den Menschen in den Mittelpunkt seiner Philosophie und entwickelte die „Ideenlehre". Er stellt sie mit dem berühmten Höhlengleichnis in seinem Hauptwerk „Politeia" dar: Die Menschen sehen nicht die Dinge selbst, sondern nur deren „Schatten". Zur echten Erkenntnis gelangt man nur, wenn man sich dies bewusst macht und versucht, „im Licht der Sonne" das Wesen der Dinge zu erkennen. Jeder Mensch hat in seiner Seele bereits das Wissen um die Ideen, es ist nur verschüttet und kann wiederentdeckt werden. Bei den Ideen handelt es sich um ein unveränderliches Idealbild, um das „Wesen" der Dinge. Die einzelnen real existierenden Dinge sind nur Abbilder der Ideen. Die allem anderen übergeordnete Idee des Guten ist laut Platon das oberste Prinzip der Philosophie. Will der Mensch glücklich und ethisch gut leben, so muss er sich um das Wissen und die Erkenntnis dieser Idee des Guten bemühen. In der „Politeia" entwarf Platon die Vorstellung von einem idealen Staat. In diesem sind Philosophen die Könige, und die Menschen arbeiten entsprechend ihren natürlichen Anlagen für und in der Gemeinschaft.

Aristoteles und Universalgelehrter

Aristoteles (384–322 v. Chr.), griechischer Philosoph
antike Marmorbüste.

Aristoteles gilt – neben seinem Lehrer Platon – bis heute als einer der bedeutendsten Denker aller Zeiten. Er baute auf den Ideen Platons auf, wandelte sie aber auch ab. Außerdem beschäftigten er und seine Schüler sich mit nahezu allen damals bekannten Wissensgebieten. So verfasste er grundlegende Schriften über Politik, Poetik, Rhetorik und Einzelgebiete der Naturwissenschaft und gilt als Begründer wichtiger philosophischer Teildisziplinen (Ethik, Metaphysik, Logik).
Aristoteles sieht den Menschen als Gemeinschaftswesen. Als solches kann er sich also nur in Gesellschaft selbst verwirklichen. Dazu muss der Mensch den Weg zur Weisheit suchen und neben verstandesmäßigen Fähigkeiten auch praktische ethische Tugenden erwerben. Das gelingt durch das Finden der „Mitte", also eines vernünftigen Ausgleichs zwischen einem Zuviel und einem Zuwenig (z. B. Mut als Mitte zwischen Feigheit und unvernünftiger Tollkühnheit). Aristoteles untersuchte auch verschiedene Staatsformen. Dabei bewertete er diejenigen als gut, die nicht dem Eigennutz der Herrschenden, sondern dem Wohl der Allgemeinheit dienen. Aristoteles' Erkenntnisse wirkten bei zahlreichen Philosophen bis in die Moderne weiter.

Die Verbreitung der griechisch-römischen Kultur

Die griechische Kultur und Sprache wurde durch die Eroberungszüge Alexanders des Großen (356–323 v. Chr.) im Osten verbreitet (**Hellenismus**). Als die Römer im 2. Jahrhundert v. Chr. Teile Griechenlands eroberten und zur Vormacht auch im östlichen Mittelmeerraum aufstiegen, schufen sie für fast tausend Jahre einen im weitesten Sinne einheitlichen Kulturraum. Von Bedeutung war hier die Beschränkung auf zwei Verkehrssprachen, Latein im Westen und Griechisch im Osten, die Kommunikation und Austausch erst ermöglichten. Dadurch wurde nicht nur die stark von der griechischen Kultur beeinflusste römische Lebensart verbreitet, sondern einige Jahrhunderte später auch das **Christentum**. Die Verankerung des Christentums als Staatsreligion im Römischen Reich (4. Jh. n. Chr.) bedeutete eine Zäsur für das Fortwirken der antiken Philosophie. Einerseits wurde sie als heidnisches Machwerk bekämpft. So ließ Kaiser Justinian 529 die platonische Akademie, die über 900 Jahre lang bestanden hatte, schließen. Andererseits bemühten sich christliche Philosophen, die Ideen der **Antike** mit dem Christentum zu verschmelzen. Führende spätantike Theologen wie Augustinus (354–430) hatten in ihrer Ausbildung auch Philosophie und Rhetorik erlernt und verwendeten diese Kenntnisse, um ihre theologischen Vorstellungen weiterzuentwickeln. Sie interpretierten das antike Gedankengut, vor allem die Lehren Platons, im christlichen Sinne um.

Das Fortwirken römischer Rechtsvorstellungen

Das Erbe des Römischen Reiches wirkte nach dessen Ende weiter. Nicht nur in den Gemeinsamkeiten der romanischen Sprachen oder den architektonischen und kulturellen Hinterlassenschaften sind diese Spuren bis heute erkennbar. Das *römische Recht*, eine genuin römische – also nicht von den Griechen übernommene – Erfindung, ist in seinen grundlegenden Ideen bis in die modernen Rechtslehren hinein erkennbar. So gelten bis heute von den Römern erdachte juristische Regeln, zum Beispiel: Im Zweifel wird für den Angeklagten entschieden. Ohne ein Gesetz, das eine Tat verbietet, ist diese nicht strafbar. Ein erzwungenes Geständnis ist ungültig. Die Römer legten ihre Gesetze schriftlich nieder, sodass sie für jeden zugänglich waren und nicht verfälscht oder uminterpretiert werden konnten. Im 6. Jahrhundert n. Chr. ließ Justinian, Kaiser des Oströmischen Reiches, eine

Sammlung von Gesetzestexten (später Corpus Iuris Civilis genannt) zusammenstellen. Diese hatte im Westen nur kurz Gültigkeit und wurde dann auch im Oströmischen Reich vergessen. Mitte des 11. Jahrhunderts wurde sie jedoch wieder entdeckt und durch die Universität Bologna verbreitet. Bis dahin hatte im Heiligen Römischen Reich das vor allem auf germanische Wurzeln zurückgehende *Gewohnheitsrecht* gegolten. Da die Kaiser ihre Position im römischen Recht besser definiert und legitimiert fanden, bemühten sie sich, dieses Rechtssystem auch im Reich durchzusetzen. Das Reichskammergericht und die juristischen Fakultäten an den neu gegründeten *Universitäten* trugen ebenfalls zur schrittweisen Ablösung des Gewohnheitsrechts zugunsten des römischen Rechtes bei und wirkten vereinheitlichend auf das Rechtssystem. Bei nahezu allen Rechtssetzungen der Neuzeit wurde auf Prinzipien des Corpus Iuris Civilis zurückgegriffen, auch für die Erstellung des deutschen *Bürgerlichen Gesetzbuches* (BGB) im 19. Jahrhundert.

Die Legitimation von Herrschaft durch Gott im Mittelalter

Seit der Taufe des fränkischen Königs Chlodwig beriefen sich er und seine Nachfolger nicht mehr auf die alten heidnischen Götter, sondern auf die Gnade des christlichen Gottes als Basis und Rechtfertigung ihrer Herrschaft. Demnach hatte der **König** sein Recht zu herrschen durch den Auftrag Gottes erhalten. Diese Legitimation wurde noch erweitert durch die Salbung des ersten Karolingers Pippin des Jüngeren durch den Papst. Durch die Salbung, die sonst nur Geistliche erhielten, wurde der König ebenfalls zu einer geweihten Person und – ähnlich den Priestern und Bischöfen – zum Mittler zwischen Gott und den Menschen. Er vereinte somit beide Rollen, die des Königs (rex) und die des Priesters (sacerdos), in seiner Person. Außerdem war der Schutz der Kirche und des Papstes von nun an die besondere Aufgabe des Königs. Pippins Sohn Karl wurde im Jahr 800 vom Papst zum **Kaiser** gekrönt. Durch diesen Titel machte Karl deutlich, dass er sich in der Nachfolge der römischen Kaiser und als Schutzherr der gesamten Christenheit sah. Aber auch der Papst profitierte von dieser Verbindung. Er konnte seinen damals noch nicht eindeutig anerkannten Vorrang vor anderen kirchlichen Würdenträgern festigen und betonen. Durch die Krönung Ottos I. wurde die Verknüpfung des Kaisertums mit dem ostfränkischen Königtum geschaffen. Von nun an zogen während des ganzen Mittelalters die deutschen Könige nach Rom, um sich dort zum Kaiser krönen zu lassen. Da sie sich als „römische Kaiser" sahen, beanspruchten sie auch (Ober-)Italien und Burgund als Herrschaftsgebiete. Die Vorstellung, „deutsche" Kaiser zu sein, entwickelte sich erst im 11. Jahrhundert.

Die Einheit von geistlicher und weltlicher Macht

Schon früh nutzten die **Könige** die Kirchenorganisation als Stütze ihrer Herrschaft. Im System der **Reichskirche** wurden hohe Geistliche mit Lehen versehen. Sie waren damit auch weltliche Fürsten und dem König zu Gefolgschaft verpflichtet. Der jeweilige Herrscher versuchte natürlich, ihm treu ergebene Männer als Äbte und Bischöfe einzusetzen und damit seine Machtposition zu festigen. So bestand nicht nur eine enge Verbindung zwischen Kaisertum und Papsttum, sondern auch zwischen König und Reichskirche. Einige Kaiser nahmen sogar Einfluss auf die Papstwahl und setzten aus ihrer Sicht unwürdige Päpste ab.

Der Konflikt zwischen Kaiser und Papst

Im 11. und 12. Jahrhundert gab es immer wieder Versuche, die Kirche durch Reformen von innen zu stärken und vorhandene Missstände abzubauen. Auch zielten die Päpste nun darauf ab, ihre Macht auch gegenüber dem **Kaiser** durchzusetzen. Dieser jedoch wollte nicht auf seinen Einfluss auf die Kirche und die Geistlichen im Reich verzichten, zumal die Loyalität der weltlichen Fürsten schwankte, da diese häufig darauf bedacht waren, ihre eigenen Interessen zu vertreten. Der offene Konflikt brach an der Frage der *Investitur* aus. Bis zu diesem Zeitpunkt war die Investitur eines Bischofs, also seine Amtseinsetzung, im Reich vom König/Kaiser vorgenommen worden. Nun sprach der Papst (Gregor VII.) dem Kaiser – als Laien – das Recht dazu ab. Der Streit gefährdete die Position des Kaisers (Heinrich IV.), denn es kam zur Exkommunikation (Ausstoß aus der Gemeinschaft der Gläubigen) Heinrichs durch den Papst, und dies machte die Eide, durch die die Fürsten an den König gebunden waren, unwirksam. Unter dem Druck der Fürsten, die drohten, einen anderen König zu wählen, gab der Kaiser nach (*„Gang nach Canossa"*, 1077), und einige Jahrzehnte später kam es im *Wormser Konkordat* von 1122 zu einem Kompromiss zwischen Kaiser und Papst. Der Kaiser übergab den Bischöfen und Äbten nur noch die Insignien ihrer weltlichen Macht. Er konnte sich aber durch den Lehenseid ihre Gefolgschaft sichern.

Die Trennung von kirchlicher und weltlicher Sphäre

Der Investiturstreit mit der Exkommunikation Heinrichs IV. und der gegenseitigen Absetzung von Kaiser und Papst war für die Menschen dieser Zeit etwas Unerhörtes und erschütterte sie schwer. Die Einheit von Kirche und Königtum war zerbrochen. Zwar hielt der **König/Kaiser** am *Gottesgnadentum* fest, aber der quasi priesterliche Charakter des Königsamtes ging verloren. Die geistlichen Fürsten emanzipierten sich zusehends vom König und verwalteten ihre Territorien, ähnlich wie die weltlichen Fürsten, mehr im eigenen Interesse als in dem des Kaisers. Auch kam es während der folgenden Jahrhunderte immer wieder zu Auseinandersetzungen der deutschen Könige/Kaiser mit den Päpsten. Die Abtrennung der geistlichen Vollmachten vom weltlichen Herrscheramt legte allerdings den Grundstein für die heute in der westlichen Demokratievorstellung notwendige *Trennung von Staat und Kirche*.

Theologie und Philosophie im Mittelalter

Viele Erkenntnisse der antiken Naturwissenschaften und der Philosophie waren im Westen in den Wirren der Völkerwanderungszeit verloren gegangen. Andere wurden in den Bibliotheken und Schreibstuben der Klöster bewahrt, aber nicht rezipiert (gedanklich verarbeitet). Durch die *Kreuzzüge* gelangten im 12. Jahrhundert viele Schriften, die sich in Konstantinopel, der Hauptstadt des Byzantinischen Reiches, und der arabischen Welt erhalten hatten, wieder in den Westen, wo sie zunächst unter den Gelehrten ihre Wirkung entfalteten.

Wie schon für Augustinus war auch für Thomas von Aquin (um 1225–1274), einen der bedeutendsten Denker des Mittelalters, das Gedankengut der antiken Philosophie mit der christlichen Theologie vereinbar, wobei Letztere natürlich die Vorherrschaft hatte. Thomas verwendete die Lehren des Aristoteles und betonte die Bedeutung der Vernunft. Diese galt ihm als Geschenk Gottes an die Menschen. Mit ihrer Hilfe können die Menschen den Weg des Glaubens finden, das Gute erkennen und entsprechend handeln. Durch die Vernunft gelangt der Mensch auch zur Erkenntnis Gottes. Die Verwendung von Logik erlaubt es, die Existenz Gottes zu beweisen. Eine andere Sicht vertrat Wilhelm von Ockham (um 1280/85–1347/49). Für ihn ist der Glaube nicht durch den Verstand zu erlangen, sondern durch eine Entscheidung. Auch kann der Mensch Gott nicht erkennen oder beweisen. Für Ockham hat die Vernunft aber einen praktischen Nutzen, nämlich als Mittel zur Selbsterkenntnis und als Kontrollinstanz für die menschlichen Handlungen.

Die Entstehung des Ständewesens

Der Streit zwischen Kaiser und Papst hatte auch Auswirkungen auf das Verhältnis von **König/Kaiser** und Fürsten. Deren Beziehung war durch das sogenannte *Lehenswesen* organisiert (siehe S. 12). Dabei spielte die gegenseitige, persönliche Treueverpflichtung eine große Rolle. Dafür, dass der König den Kronvasallen die Lehen übergab, erhielt er von ihnen Rat (consilium) und Hilfe (auxilium), zum Beispiel durch das Aufstellen von Truppen. Zur Beratung über anstehende Themen wurden *Hoftage* abgehalten. Die **Vasallen** nahmen daran teil, denn das consilium war sowohl ein Recht als auch eine Pflicht. Bei den Zusammenkünften mit dem König konnten sie auf dessen Entscheidungen Einfluss nehmen. Aus den eher unregelmäßig stattfindenden Hoftagen entwickelten sich regelmäßige Ratsversammlungen. Die Teilnehmer (Kurfürsten, auch andere hohe Adlige, Vertreter der Geistlichkeit und der Städte) organisierten sich als sogenannte *Reichsstände* und verlangten als Vertreter ihrer Gruppe Mitspracherecht bei wichtigen Entscheidungen. Auch Beschwerden wurden vorgebracht und somit eine Kontrolle der königlichen/kaiserlichen Macht ausgeübt. Parallel zu den Reichsständen bildeten sich in den Herrschaftsgebieten der Fürsten die *Landstände*. Diese gewannen durch die fortschreitende *Territorialisierung* (siehe S. 12) an Bedeutung. So entstand aus der eher persönlichen Verbindung von Lehensherr und Vasall das Prinzip der Repräsentation, das heißt die Interessenvertretung durch Beauftragte.

Das Heilige Römische Reich – ein „Flickenteppich“

Im Gegensatz zu seinem westlichen Nachbarn Frankreich entwickelte sich das Heilige Römische Reich nicht zu einem zentral regierten Staat. Das lag wohl zum einen an der Größe des Reiches, aber auch an der Tatsache, dass die Untervasallen nicht dem König, sondern nur ihrem jeweils übergeordneten **Vasallen** zu Treue verpflichtet waren. So besaß der **König/Kaiser** nur in seinen eigenen Territorien die umfassende Macht, während die Fürsten ihre eigene ausbauten. In den „Fürstengesetzen“ übertrug Kaiser Friedrich II. offiziell den geistlichen und den weltlichen Fürsten die Ausübung königlicher Rechte (z. B. Münzprägung, Zollrecht, Burgen- und Städtebau, Gerichtsbarkeit, Geleitrecht).
Während es in anderen europäischen Staaten den Herrscherfamilien gelang, das Erbkönigtum zu etablieren, blieb das Reich eine Wahlmonarchie. Das Recht der *Kurfürsten* zur Königswahl wurde mit der **Goldenen Bulle** (1355/56) festgeschrieben. Somit konnten die Kurfürsten bei den Königswahlen ihre eigenen Interessen verfolgen. Daran änderte auch die Tatsache nichts, dass seit dem frühen 15. Jahrhundert fast ständig ein Vertreter der Familie der Habsburger die Kaiserkrone trug. Deren Hausmacht befand sich eher am Rande des Reiches und umfasste auch viele Gebiete, die nicht zum Reich gehörten. Dieses wurde schließlich von ungefähr 300 Territorien verschiedener Größe gebildet, deren Fürsten den Kaiser meist nur nominell als Oberherren anerkannten. Überdies gab es kein gemeinsames Heer, keine Hauptstadt und keine einheitliche Verwaltung.

Die gemeinsamen Gremien auf Reichsebene

Doch obwohl die Fürsten in ihren Territorien meist recht unabhängig handeln konnten, gab es neben dem Kaiser einige Reichsorgane, die den Zusammenhalt und die Weiterexistenz des Reiches sicherten. Das wichtigste dieser Organe waren die *Reichstage*, auf denen sich zunächst die weltlichen und geistlichen Fürsten, dann die Vertreter der *Reichsstände* regelmäßig versammelten. Seit dem Ende des 16. Jahrhunderts war der Reichstag in drei Kollegien oder Kurien eingeteilt: Kurfürstenrat, Reichsfürstenrat und Städterat.
Der Reichstag war das wichtigste Verfassungsorgan des Reiches. Hier wurden alle wichtigen Entscheidungen (Krieg und Frieden, Steuern, außenpolitische Fragen, konfessionelle Probleme) besprochen. Da die Beschlüsse, Reichsabschiede genannt, zwischen den Fürsten und dem Kaiser einvernehmlich geschlossen werden mussten, konnte keine der beiden Seiten eigenmächtig handeln.
1495 wurde das Reichskammergericht eingesetzt, das durch die friedliche Lösung von Konflikten im Inneren die Einhaltung des Ewigen Landfriedens (Verbot von Fehden bei Streitfällen) garantieren sollte. Zusammen mit dem vom Kaiser 1497 eingerichteten Reichshof-

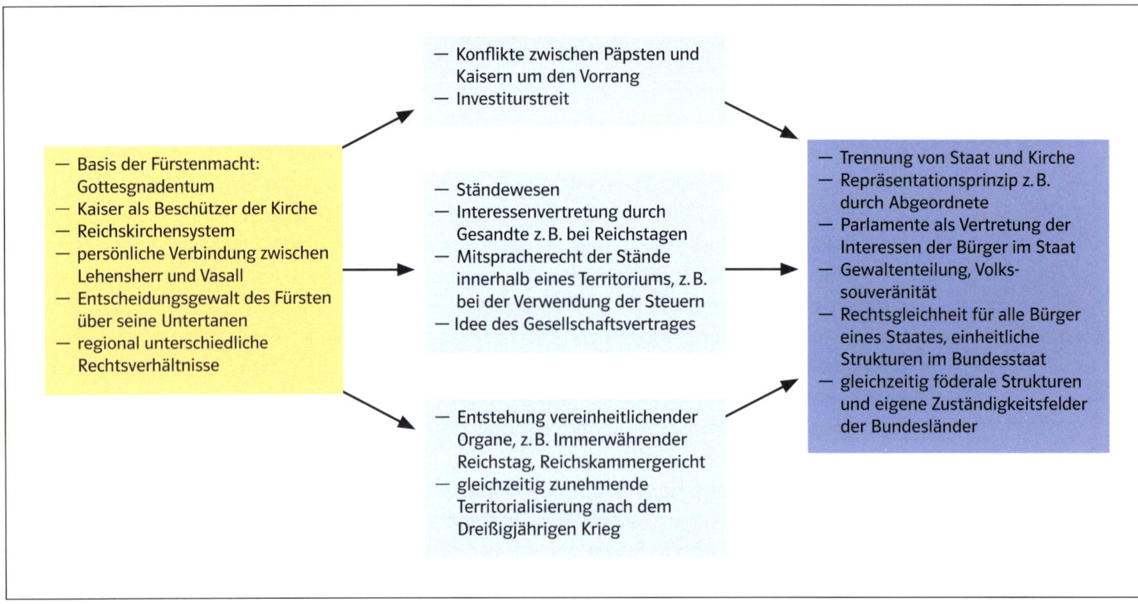

Die Entwicklung des Staates in Deutschland vom Mittelalter zur Moderne

rat entwickelte es sich im Laufe der Zeit zu einer Berufungsinstanz der landesherrlichen und reichsstädtischen Gerichtsbarkeit. Trotz der Schwerfälligkeit dieser Gerichte stellten sie zumindest in Ansätzen eine einheitliche Rechtssprechung und Rechtssicherheit auf Reichsebene her.
Dem Ziel der Friedenswahrung diente die Einteilung des Reiches in zehn Reichskreise (1512). Mitglieder der Kreise waren die jeweiligen weltlichen und geistlichen Landstände. Die Kreise setzten auch die Urteile des Reichskammergerichtes durch, kontrollierten das Münzwesen und organisierten militärische Aufgebote.

Die Entwicklung nach dem Westfälischen Frieden

Der Westfälische Frieden, der 1648 den **Dreißigjährigen Krieg** beendete, bildet mit der **Goldenen Bulle** von 1355/1356 die Grundlage der Verfassung des Reiches. Er zementierte die Zersplitterung des Reiches in zahlreiche, nahezu unabhängige Territorien, in denen die Fürsten unbeschränkt regierten. Das Reich bot noch einen Ordnungsrahmen und war für die Lösung von Streitfragen zuständig, die auf unterer Ebene nicht mehr allein beendet werden konnten. Die Fürsten durften keine Bündnisse gegen das Reich oder den **Kaiser** eingehen, und dieser durfte nicht ohne Zustimmung der Fürsten einen Reichskrieg führen. In den sogenannten Wahlkapitulationen (eine Art Regierungsprogramm) musste der Kaiser nach seiner Wahl den Fürsten ihre Rechte garantieren. Im Gegenzug waren die Fürsten an den Kaiser und das Reich gebunden. So wurde ein Gleichgewicht zwischen Fürsten und Kaiser geschaffen, die *föderale Struktur* des Reiches bestätigt und eine vertikale Gewaltenteilung durchgeführt. Auch garantierten die Reichsgerichte den Bestand kleinerer Herrschaften gegenüber mächtigeren Nachbarn.
Das wichtigste Organ in diesem föderalen Rahmen war der *Reichstag*. Dieser entwickelte sich im Laufe der Zeit aus einer temporär zusammentretenden Versammlung der Fürsten zu einem ständig tagenden Gremium von Delegierten der Einzelstaaten. Ursprünglich sollte nur über Maßnahmen zur Verteidigung gegen das expandierende *Osmanische Reich*

und einen Streit zwischen Fürsten und Kurfürsten über die Beteiligung an der Königswahl, also eine Verfassungsfrage, entschieden werden. Die Verhandlungen zogen sich in die Länge und neue Probleme kamen hinzu. Schließlich wurde der Reichstag nach Regensburg verlegt, wo er von 1663 bis 1806 ständig tagte und als *„Immerwährender Reichstag"* betitelt wurde. Die Gespräche wurden nicht mehr von den Fürsten selbst, sondern von Gesandten geführt. So entwickelte sich ein Vorläufer der modernen Diplomatie. Außerdem entstand ein professionelles System von Geschäftsordnungen und Umgangsformen für die Gespräche. Das Verhältnis zwischen den Reichsständen verrechtlichte sich. Letztendlich handelte es sich um eine permanente Zusammenkunft von Delegierten aus den verschiedenen deutschen Territorien, in der man im weitesten Sinne einen Vorläufer des heutigen Bundesrates sehen kann. Der föderale Rahmen des Reiches hielt bis zur Auflösung des Heiligen Römischen Reiches Deutscher Nation durch die napoleonische Politik (1806). Schon vorher wurde das Reich jedoch durch die Machtpolitik der größeren, absolutistisch regierten Staaten erschüttert, zum Beispiel im Siebenjährigen Krieg.

Die Ablösung des mittelalterlichen Weltbildes

Die Erweiterung des Horizonts durch die *Kreuzzüge* und die Wiederaufnahme antiken Wissens in Philosophie und Theologie trugen auch zur Entstehung einer neuen Geisteshaltung bei. Diese verbreitete sich ab Mitte des 14. Jahrhunderts von den Städten Italiens her. Man befreite sich vom engen, kirchlich geprägten Weltbild des Mittelalters. In diesem galten Glaube und Wissen als Einheit, und Naturerscheinungen oder gesellschaftliche Gegebenheiten (z. B. Reichtum und Armut, Krankheiten) wurden theologisch gedeutet. Nun rückte der Mensch in den Mittelpunkt des Denkens, man begann die Natur und ihre Gesetze zu studieren. Systematisch vorgenommene Beobachtungen, Messungen und Experimente wurden logisch durchdacht und interpretiert. Da man dabei vor allem auf die Kunst und Wissenschaften der Antike zurückgriff, wurde diese Entwicklung *Renaissance* (= Wiedergeburt, siehe S. 6) genannt.
Die neue Vorgehensweise erbrachte wichtige Erkenntnisse, beispielsweise im Bereich von Mathematik und Astronomie. Die Kirche verfolgte jeden, der diese Erkenntnisse verbreitete, als Ketzer, konnte aber die Entwicklung der *Naturwissenschaften* nicht aufhalten. Zwischen dem 16. und dem 18. Jahrhundert wurden zahlreiche andere Erkenntnisse und Entdeckungen in vielen Wissensgebieten (Medizin, Biologie, Physik, Chemie, Mathematik) gemacht und somit die Grundlagen der modernen Wissenschaften gelegt. Parallel dazu erweiterte sich durch die Entdeckungsfahrten der Spanier, Portugiesen und Holländer, später auch der Franzosen und Engländer der geografische und kulturelle Horizont der Europäer. Obwohl in vielen wichtigen Bereichen die mittelalterlichen Ansichten überwunden und die Basis für unsere moderne Zeit gelegt wurden, gab es auch eine Vielzahl von Erscheinungen die uns heute eher „mittelalterlich" anmuten: In der Frühen Neuzeit erreichten etwa Inquisition und Hexenverfolgung ihren Höhepunkt (16./17. Jh.). Die meisten Menschen glaubten an Dämonen, Geister und die personale Gegenwart des Teufels in der Welt. Alchemie und Astrologie galten als ernst zu nehmende Wissenschaften, und sogar hohe Persönlichkeiten wie Kaiser Rudolf II. orientierten ihr Leben an Horoskopen. Mächtige Fürsten beauftragten Alchimisten mit der Suche nach einer Formel für die Herstellung von Gold. Der Aufbruch zu einem von Vernunft geprägten Zeitalter ging also nicht ohne Schwierigkeiten vor sich.

Die Idee des Gesellschaftsvertrages

Durch die Ausbildung des *Absolutismus* und im Zuge der *Aufklärung* veränderten sich die Vorstellungen von Herrschaft und Staat. An die Stelle der göttlichen Legitimation trat nun die Bedeutung des Herrschers als Repräsentant des Staates. Die absolutistischen Fürs-

Thomas Hobbes (1588–1679), englischer Philosoph
kolorierter Stich.

Charles Louis Baron von Montesquieu (1689–1755), französischer Schriftsteller und Philosoph
Gemälde nach der 1753 entstandenen Medaille von Jacques-Antoine Dassier.

Jean-Jacques Rousseau (1712–1778), französischer Philosoph
Pastellmalerei von Maurice Quentin de Latour, um 1753.

ten versuchten, die ständische Mitbestimmung einzudämmen und ihr Recht auf unumschränkte, ungeteilte Macht durchzusetzen. Der Staat – und der Fürst als seine Inkarnation – hatte die Aufgabe, für Recht und Ordnung zu sorgen. Der englische Philosoph Thomas Hobbes entwickelte Mitte des 17. Jahrhunderts dann die Idee vom *Gesellschaftsvertrag*. Demnach hätten die Menschen, um den Gefahren des gesetzlosen Naturzustandes entgegenzutreten, in einem sogenannten Gesellschaftsvertrag ihr Selbstbestimmungsrecht an den Staat abgetreten. Die Staatsgewalt steht für Hobbes über Recht und Gerechtigkeit, die individuelle Freiheit des Menschen ist beseitigt. Im Gegensatz dazu räumte der englische Philosoph John Locke einige Jahrzehnte später den Bürgern im Rahmen des Gesellschaftsvertrags ein Widerstandsrecht gegen eine ungerechte Regierung ein. Diese darf abgesetzt werden, wenn sie gegen die Naturrechte der Menschen verstößt, zu deren Schutz sie da ist. Um einen Machtmissbrauch der Staatsgewalt zu verhindern, schlug Locke die Aufteilung der staatlichen Macht unter vier Körperschaften vor. Dieses Modell der *Gewaltenteilung* von Locke entwickelte der Franzose Charles Louis Baron von Montesquieu weiter. Er sah die Freiheit der Bürger nur dann garantiert, wenn auch die Regierung an Gesetze gebunden ist und nicht über dem Recht steht. Montesquieu verlangte dementsprechend neben den schon von Locke geforderten Gewalten der Exekutive und der Legislative auch eine Judikative. Alle drei Gewalten sollen unabhängig voneinander agieren.

Die Idee der Volkssouveränität

So wie in unserer heutigen Vorstellung ein *Rechtsstaat* notwendig mit der *Gewaltenteilung* einhergeht, gehört auch die Idee der *Volkssouveränität* zur Demokratie. Diese stellte als erster der französische Philosoph Jean-Jacques Rousseau umfassend dar. Auch er sah als Basis des Staates den *Gesellschaftsvertrag* an, wobei er allerdings davon ausging, dass der Mensch im Naturzustand gut ist und es erst durch die Entstehung von Eigentum zur Bildung von gesellschaftlichen Strukturen und damit auch zur Unterdrückung der Menschen kam. Im Gesellschaftsvertrag ordneten sich diese dann dem Staat unter. Der Staat basiert somit auf dem gemeinsamen Willen aller. Dieser gemeinsame Wille aller kann nicht irren und wird bei Abstimmungen offenbar, wobei sich die Bürger am Gemeinwohl orientieren und nicht egoistischen Motiven folgen.

Die Realisierung politischer Mitbestimmung

Schon lange bevor die Staatsphilosophie eine Beteiligung der Bevölkerung an der Regierung forderte, entstanden im Mittelalter Elemente politischer Mitbestimmung. So entwickelte sich nicht nur im Heiligen Römischen Reich eine Mitbestimmung der Stände (siehe S. 13), vielmehr ließen bereits mit der *Magna Charta Libertatum* 1215 die englischen Barone vom König ihre Privilegien garantieren. Daraus leiteten sie ein gewisses Mitspracherecht bei der Steuererhebung ab, und es entwickelte sich schrittweise aus dem königlichen Rat das Parlament. Dessen Rechte wurden 1689 in der *Bill of Rights* festgeschrieben. König Friedrich II. von Preußen und Kaiser Joseph II. (für Österreich) versuchten als „Diener des Staates“, Prinzipien der *Aufklärung* in ihrer Regierung zu verwirklichen, zum Beispiel in der Religionsfreiheit oder durch Justizreformen. Allerdings bedeutete dieser *aufgeklärte Absolutismus* nicht, dass eine Mitbestimmung des Volkes zugelassen wurde. Im Gegensatz dazu wurden die Prinzipien von Volkssouveränität, Gewaltenteilung und der gegenseitigen Kontrolle der Gewalten 1787 in der *Verfassung der USA* von den Gründervätern bewusst verwirklicht.

Der Rationalismus als Zweifel an der Empirie

Viele der wissenschaftlichen Erkenntnisse basierten auf Empirie, also auf Erfahrungen mithilfe der Sinne. Doch an deren Verlässlichkeit kamen auch Zweifel auf. Sinneseindrücke könnten täuschen und die darauf aufbauenden Urteile folglich falsch sein. Denker wie der französische Mathematiker und Philosoph René Descartes sahen in der Vernunft die einzige Basis der Erkenntnis. Descartes verlangt eine grundsätzliche Skepsis gegenüber allen Feststellungen und eine genaue Analyse von Fragen und Problemen. Er und andere Vertreter dieser „Rationalismus" genannten Denkweise räumten vernünftigem (rationalem) Denken beim Erwerb von Wissen den Vorrang gegenüber der Empirie ein.

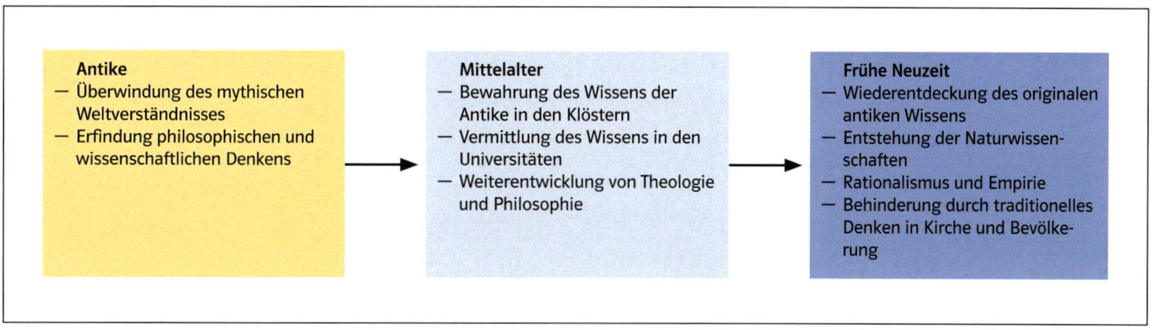

Die Entwicklung von Philosophie und Wissenschaft

Klausuraufgabe

Der Artikel 4 des Grundgesetzes lautet:
(1) Die Freiheit des Glaubens, des Gewissens und die Freiheit des religiösen und weltanschaulichen Bekenntnisses sind unverletzlich.
(2) Die ungestörte Religionsausübung wird gewährleistet. [...]

Grundgesetz für die Bundesrepublik Deutschland, zitiert nach: http://www.bundestag.de/dokumente/rechtsgrundlagen/grundgesetz/gg_01.html.

Die in diesem Artikel angesprochene Freiheit gibt es in vielen Staaten immer noch nicht. Auch in Europa dauerte es Jahrhunderte, bis sie den Menschen gewährt wurde.

Stellen Sie Stationen der Entwicklung im Mittelalter dar, die schließlich in der Moderne dazu führten, dass die Religionsfreiheit in Verfassungen verankert ist.

3.2 „Volk" und „Nation" als Identifikationsmuster

Wichtige Daten zur Orientierung

63 v. Chr. bis 14 n. Chr.	Lebenszeit des ersten römischen Kaisers Augustus
9 n. Chr.	verheerende Niederlage eines römischen Heeres unter dem Feldherrn Varus gegen germanische Stämme
1789	Französische Revolution Erklärung des dritten Standes zur Nation, Erklärung der Menschen- und Bürgerrechte
1792–1815	französische Expansion in Europa
1806	Ende des Heiligen Römischen Reiches Deutscher Nation
1813–1815	„Befreiungskriege" gegen die französische Vorherrschaft
1848	Revolutionen in Europa; Märzrevolution in Deutschland, Nationalversammlung in Frankfurt a. M.
1870/71	Deutsch-Französischer Krieg
1871	Gründung des Deutschen Kaiserreiches
1875	Einweihung des Hermannsdenkmals bei Detmold
1914	Beginn des Ersten Weltkriegs
1963	Unterzeichnung des deutsch-französischen Freundschaftsvertrags

Grundbegriffe aus der Mittelstufe

Kaisertum Napoleons: Während der Kriege im Anschluss an die Französische Revolution machte Napoleon Bonaparte (1769–1821) rasch Karriere in der französischen Armee. Er wurde schnell im Volk populär, und 1799 gelang ihm der Sturz der Revolutionsregierung. Napoleon errang die alleinige Macht und führte umfassende Reformen in der Justiz, im Militär und im Bildungswesen durch. Seine Machtfülle verdeutlichte er, indem er sich 1804 zum Kaiser von Frankreich krönte. Er eroberte zahlreiche Staaten, in denen er oft seine Verwandten als Herrscher einsetzte. Unter dem Druck seiner erfolgreichen Expansion endete auch das Heilige Römische Reich Deutscher Nation. Auf dem Höhepunkt seiner Macht reichte Napoleons Einflussgebiet von Spanien bis nach Polen. Erst der erfolglose Feldzug nach Russland 1812 beendete seinen Aufstieg. Die europäischen Staaten kämpften nun gegen Napoleons Herrschaft (Befreiungskriege). Einer Koalition mehrerer Staaten gelang 1814 der Sieg und Napoleon musste abdanken und wurde ins Exil geschickt. Noch einmal kehrte Napoleon kurz zurück, wurde 1815 bei Waterloo aber endgültig besiegt.

Nation: Als Nation bezeichnet man die Menschen, die auf einem bestimmten Gebiet leben, sich zu einer gemeinsamen Geschichte, zu gemeinsamen Traditionen und Zielen bekennen und auf dieser Grundlage eine politische Gemeinschaft bilden. Zuweilen gilt die gemeinsame Sprache als wichtigstes Merkmal der Nation.

Nationalismus: Mit der Französischen Revolution kam der Begriff der Nation auf. Nicht die Treue zum Fürsten machte nun den Staatsbürger aus, sondern die Zugehörigkeit zur Nation. Zunächst konnte jeder ein Angehöriger dieser neuen Gemeinschaft sein. Franzosen, Deutsche, Italiener und andere Völker empfanden sich aber, vor allem auch durch die gemeinsame Sprache und Kultur, als Angehörige einer Gemeinschaft. Diese Auffassung wurde nun bestimmend. Die Kriege, die nach der Bildung der Nationalstaaten mit verfeindeten Staaten geführt wurden, hatten zur Folge, dass man die eigene Nation als die höchste bewertete und die anderen gering schätzte. Eine solche Übersteigerung der Nationalidee nennt man Nationalismus.

Basiswissen der Oberstufe

Die römischen Eroberungen in Germanien

„Quinctilius Varus, gib die Legionen zurück!" soll nach dem Bericht des römischen Schriftstellers Sueton Kaiser Augustus ausgerufen haben, als er im Jahre 9 n. Chr. die Nachricht von der Niederlage seines Statthalters in Germanien erhielt. Der Sieg der Germanen über Varus läutete das Ende der römischen Expansion östlich des Rheins ein. Seit 15 v. Chr. hatte der römische Kaiser die Unterwerfung germanischer Stämme zunächst im Gebiet nördlich der Alpen bis zur Donau vorangetrieben. Parallel dazu wurde die Rheingrenze befestigt und vermehrt Straßen, Brücken, Militärlager und Siedlungen angelegt. Vom Rhein aus unternahmen römische Truppen Erkundungs- und Eroberungszüge bis zur Elbe. Als Publius Quinctilius Varus im Jahre 7. n. Chr. zum Befehlshaber am Rhein ernannt wurde, waren – trotz mehrerer mühsam unterdrückter Unruhen – viele germanische Stämme in diesem Gebiet besiegt und durch Bündnisse und Verträge (scheinbar) befriedet. Auch hatten die Römer begonnen, östlich der bisherigen Grenze Stützpunkte anzulegen. Wahrscheinlich sollte das Reich bis zur Elbe ausgedehnt und dort eine gesicherte Grenze errichtet werden. Aufgabe von Varus war es nun, die neuen Gebiete weiter zu romanisieren und zu einer Provinz auszubauen. Auch bemühte er sich, das römische Rechtssystem durchzusetzen und Abgaben einzufordern.

Die Varusschlacht

Zu den mit den Römern verbündeten Stämmen zählten auch die Cherusker. Wie bei den Römern üblich, erhielten die Söhne von römerfreundlichen Stammesführern oft das Bürgerrecht und wurden im Reich erzogen. Wahrscheinlich war das auch bei Arminius und seinem Bruder der Fall. Zumindest diente er als Anführer germanischer Hilfstruppen einige Zeit im römischen Heer und lernte dort das Militärwesen der Römer kennen. Er befand sich auch während der Statthalterschaft des Varus in dessen Umgebung, knüpfte aber gleichzeitig Kontakte zu verschiedenen germanischen Stämmen, um einen Aufstand vorzubereiten. So gelang es Arminius, Varus und sein ungefähr 20 000 Mann starkes Heer auf dem Marsch in einen Hinterhalt zu locken. In einer drei Tage dauernden Schlacht wurden die drei römischen Legionen, ein Achtel des gesamten römischen Heeres, völlig aufgerieben; Varus selbst nahm sich das Leben. In den folgenden Jahren unternahmen die Römer noch öfter Feldzüge östlich des Rheins. Letztlich wurde aber von weiteren großflächigen Eroberungen abgesehen und der Rhein als Reichsgrenze beibehalten.
Viele Umstände der Varusschlacht liegen im Dunkeln. Sogar die Lage des Schlachtfeldes ist unbekannt, und es gibt zahlreiche Theorien über den genauen Schlachtort. Auch ist sich die Forschung über die Bedeutung der Schlacht für die römische Expansionspolitik uneinig. Das liegt vor allem an der eher dünnen Quellenlage. Auf germanischer Seite gibt es gar keine schriftlichen Überlieferungen, deshalb ist man neben Ausgrabungen auf römische Quellen angewiesen. Diese sind parteiisch, und die Darstellung der Germanen und des Arminius wird häufig vom klischeehaften Bild des „Barbaren" überlagert. Am bekanntesten sind die Ausführungen des römischen Schriftstellers Tacitus („Germania", etwa 98 n. Chr.). Dieser beschreibt die Germanen als heldenhaftes, unverbildetes und natürliches Volk – ein Gegenmodell zu den aus seiner Sicht sittlich verkommenen und dekadenten Römern, die Tacitus ermahnen möchte, sich an ihre früheren Tugenden zu erinnern.

Von Arminius zu „Hermann dem Cherusker"

Tacitus ist es auch, der Arminius als den „Befreier Germaniens" bezeichnet. Diese Ansicht entspricht allerdings nicht den historischen Tatsachen. Die Schlacht hatte wohl nicht die epochale Bedeutung, die man ihr in späteren Jahrhunderten zuschrieb. Auch handelte es

sich bei den Germanen zu dieser Zeit keineswegs um ein einheitliches Volk, wie Tacitus meinte, sondern um eine Anzahl verschiedener Stämme, die sich nicht einmal selbst „Germanen" nannten und auch sonst keine gemeinsame Bezeichnung für sich hatten. Auch zeigen archäologische Funde, dass die „Germanen" in Kultur und Lebensweise den als „Galliern" bezeichneten Stämmen jenseits des Rheins ähnlich waren. Erst die Trennung durch die von den Römern befestigte Rheinlinie führte verstärkt zu Unterschieden.
Die Schriften des Tacitus und anderer römischer Schriftsteller wurden – nachdem sie im Mittelalter weitgehend unbekannt waren – in der Renaissance wiederentdeckt. Nun entwickelte man die Vorstellung eines geschlossenen germanischen Volkes, aus dem sich eine deutsche Nation – die in dieser Form im 16. Jahrhundert ebenfalls nicht existierte – entwickelt habe und von dem diese ihre Tapferkeit und Tugend geerbt habe. Arminius wurde zum Befreier der Germanen von der römischen Fremdherrschaft und damit zum ersten deutschen Helden stilisiert. Eingedeutscht lautete sein Name nun „Hermann der Cherusker".

„Hermann der Cherusker" als nationaler Mythos

In der Frühen Neuzeit passte die Vorstellung eines solchen nationalen Helden und seines Befreiungskampfes durchaus zu der sich im Zeichen der *Reformation* entwickelnden antirömischen und antikatholischen Haltung. Zu Anfang des 19. Jahrhunderts – parallel zu den *Befreiungskriegen* gegen die napoleonische Expansion – erlebte der Hermann-Mythos einen erneuten Aufschwung. Die französische Vorherrschaft in Europa wurde schnell mit der römischen gleichgesetzt, der Kampf gegen die überlegenen Truppen Napoleons schien dem des Arminius gegen die römischen Legionen ähnlich. Tacitus' Beschreibung der tapferen Germanen wurde auf die Deutschen übertragen, während sein Bild der dekadenten und in einer verfeinerten Kultur lebenden Römer auf die Franzosen bezogen wurde. „Hermann der Cherusker" wurde zum Vorbild des deutschen Aufbegehrens gegen Napoleon, und der entstehende deutsche **Nationalismus** fand in ihm eine *Identifikationsfigur*. Menschen, die in den verschiedenen deutschen Staaten lebten, bekamen das Gefühl, eine gemeinsame, heldenhafte Vergangenheit zu besitzen.
Einen weiteren Höhepunkt fand der „Hermann-Kult" im Zusammenhang mit dem deutsch-französischen Krieg und der *Gründung des Deutschen Reiches* 1871. Einige Jahre nach der Reichsgründung wurde das 53 Meter hohe Hermannsdenkmal im Teutoburger Wald, das bereits einige Jahrzehnte vorher begonnen worden war, fertiggestellt und eingeweiht. Auf diesem wurde Kaiser Wilhelm I. als neuer Arminius/Hermann gefeiert. Bis ins 20. Jahrhundert hinein wurde Arminius und sein Sieg gegen die Römer von verschiedenen nationalen Gruppen instrumentalisiert, wenn man ein Symbol für Einheit benötigte. Ähnliche Mythen und Identifikationsfiguren gibt es auch bei anderen Nationen, zum Beispiel Vercingetorix oder Jeanne d'Arc in Frankreich.

Die „Erfindung" der Nation in der Französischen Revolution

Wie auch der Begriff „Volk" ist **„Nation"** nur schwer trennscharf zu definieren. Häufig werden diese Bezeichnungen auch synonym verwendet. Hinzu kommt, dass beide Wörter einen Bedeutungswandel durchmachten. Nation bezeichnete beispielsweise in der Frühen Neuzeit unter anderem die Stände im Heiligen Römischen Reich. Im modernen Sinn wird „Nation" seit dem 18. Jahrhundert verwendet. Am Beginn der **Französischen Revolution** 1789 erklärten sich in der Versammlung der Generalstände die Abgeordneten des dritten Standes zur *Nationalversammlung*, das heißt zur Vertretung des französischen Volkes: Der dritte Stand (Bürger und Bauern) trage die Gemeinschaft des Staates, und verkörpere folglich die Nation. Den beiden anderen Ständen wurde die Zugehörigkeit zur Nation abgesprochen. Wenig später wurden die *Privilegien* von Adel und Klerus und damit

Napoleon Bonaparte (1769–1821), französischer Kaiser (1804–1814)
undatiertes Gemälde von Karl von Steuben.

die *Ständegesellschaft* abgeschafft und eine *Erklärung der Menschen- und Bürgerrechte* verabschiedet. So waren Gleichheit und Teilhabe am politischen Leben als wichtige Eigenschaften mit der Idee der Nation verbunden. Die Französische Revolution endete zwar nach der Phase des Terrors im **Kaisertum Napoleons**, aber die Ideen von Freiheit und Gleichheit verbreiteten sich in ganz Europa, nicht zuletzt durch die Revolutionskriege und die Eroberungen Napoleons.

Kulturnation und Staats(bürger)nation

Im Gefolge der **Französischen Revolution** löste sich – auch unter dem Druck von Napoleons Politik – das Heilige Römische Reich Deutscher Nation auf. Somit ging die staatliche Einheit gerade zu der Zeit verloren, als die Idee der **Nation** in Deutschland Fuß fasste. Aus diesem Grund entwickelte sich hier die Vorstellung einer *Kulturnation*, das heißt einer Nation, die auf Gemeinsamkeiten der Lebensweise, der Sitten, der Literatur, Kunst und vor allem der Sprache beruht (Sprachprinzip). Teilweise spielt auch eine gemeinsame ethnische Herkunft eine Rolle; das Gefühl, einer Kulturnation anzugehören, vereint auch Menschen über Landesgrenzen hinweg, wie dies zum Beispiel in Deutschland oder in Polen vor der jeweiligen Staatsgründung der Fall war. Im Gegensatz dazu basiert die *Staats(bürger)nation* auf gemeinsamen politischen Institutionen, also einem Staat innerhalb bestimmter territorialer Grenzen, dem man sich zugehörig fühlt (Territorialprinzip). So wurde in Frankreich der bereits seit Jahrhunderten bestehenden Staat durch die Revolution zu einem **Nationalstaat**. Eine Staatsnation kann auch Gruppen verschiedener Sprachen und unterschiedlicher kultureller Herkunft umfassen, wie in der Schweiz oder in den USA. Eine Nation ist demnach keine Einheit, die unveränderbar bereits seit Urzeiten existiert, sondern, wie es der französische Religionswissenschaftler und Schriftsteller Ernest Renan (1823–1892) ausdrückte, eine „gedachte Ordnung“, ein „geistiges Prinzip“, das auf einer gemeinsamen Vergangenheit oder den Erinnerungen daran und dem gegenwärtigen Einordnen in eine Gemeinschaft (in einen Staat) beruht.

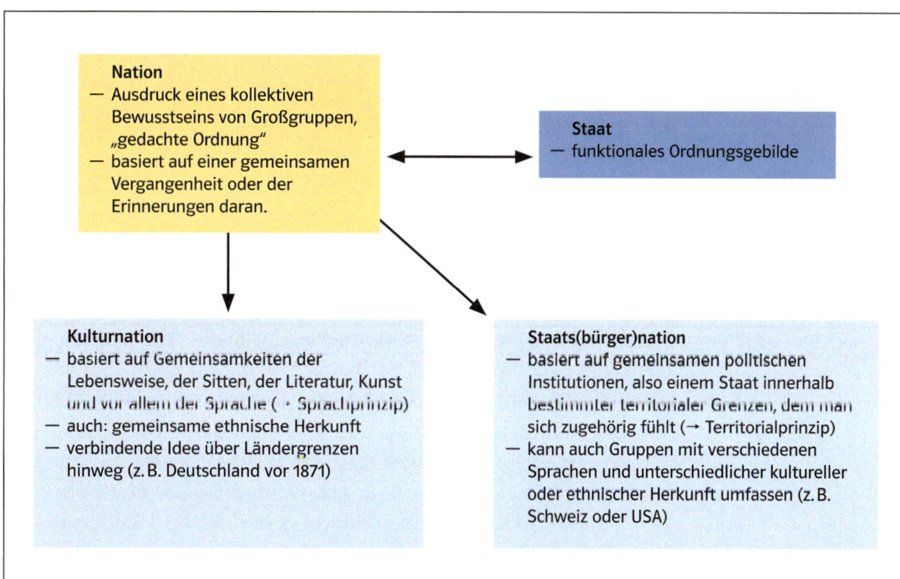

Der Begriff der Nation

Deutsche Nation – deutscher Nationalstaat

In Deutschland dauerte die Entwicklung hin zu einem **Nationalstaat** sehr lange – vor allem im Vergleich zu den westlichen Nachbarn. Deshalb sprachen manche Forscher sogar von einer *„verspäteten Nation"* oder einem „deutschen Sonderweg", als dessen späte Folge dann der Nationalsozialismus entstand. Jahrhundertelang gab es auf deutschem Boden eine Vielzahl von Staaten verschiedener Größe, die im großen Heiligen Römischen Reich Deutscher Nation zusammengefasst waren. Die Zentralgewalt war eher schwach, eine eigene Hauptstadt gab es nicht, und es gehörten auch viele nicht deutsche Gebiete zum Reich. So war für die Menschen der *Territorialstaat*, in dem sie lebten, ausschlaggebend. Da sich die Ideen von 1789 aber auch in Deutschland verbreitet hatten, hofften viele Deutsche nach der Niederlage Napoleons auf einen Nationalstaat. Sie wurden aber enttäuscht, als die Fürsten auf dem *Wiener Kongress* (1814/15) anstelle des 1806 untergegangenen Reiches den Deutschen Bund ins Leben riefen, einen lockerer Staatenbund aus 35 Einzelstaaten. Große Hoffnungen richteten sich dann in der *Märzrevolution* 1848 auf die Nationalversammlung in der Paulskirche in Frankfurt am Main. Diese sollte eine Verfassung für einen geeinten deutschen Staat ausarbeiten. Allerdings wurde lange gestritten, wie weit sich dieser Staat erstrecken sollte: Sollte das Kaisertum Österreich mit seinen umfangreichen nicht deutschen Gebieten hinzukommen *(großdeutsche Lösung)* oder Österreich ausgeschlossen werden *(kleindeutsche Lösung)*? Letztendlich entschied man sich für die kleindeutsche Lösung eines Kaiserreiches unter preußischer Führung. Da der preußische König die Kaiserkrone ablehnte und die Fürsten ihre in der Revolution verlorene Macht bald wiedererlangt hatten, war dieser Plan jedoch zum Scheitern verurteilt. Als nach dem *deutsch-französischen Krieg* 1870/1871 der deutsche Nationalstaat verwirklicht wurde, geschah dies nicht durch eine Revolution von unten, sondern durch eine Entscheidung der deutschen Fürsten. Wieder wurde die kleindeutsche Lösung gewählt, Österreich war durch seine Niederlage im Krieg gegen Preußen und dessen Verbündete (1866) bereits ausgeschaltet. So handelte es sich nicht um einen Staat, in dem alle Mitglieder der deutschen Kulturnation – die ja auch die deutschsprachigen Gebiete Österreichs einschloss – vereint wurden. Stattdessen gehörten auch nicht deutsche Minderheiten (z. B. Dänen oder Polen) in den preußischen Gebieten sowie das im Krieg 1870 von Frankreich eroberte Elsass-Lothringen zum neuen Deutschen Reich.

Nation und Nationalismus

Das Bewusstsein, zu einer bestimmten **Nation** zu gehören, ist eng verbunden mit einer Abgrenzung von anderen. So entwickelten sich die seit dem Mittelalter und der Frühen Neuzeit vorhandenen Volksstereotypen (Vorurteile oder Klischees, die Bevölkerungsgruppen oder Völker betreffen) weiter. Man schrieb der eigenen und der fremden Nation jeweils bestimmte Eigenschaften zu. Das geschah in Deutschland auch und besonders im Verhältnis mit Frankreich. Für bestimmte Gruppen (z. B. Künstler, Intellektuelle, Liberale, Demokraten) war und blieb Frankreich in vieler Hinsicht ein Vorbild, vor allem, was die Kultur oder die Errungenschaften der Revolution betraf. Doch die Mehrheit sah im westlichen Nachbarn einen Kontrahenten, zumal man seit 1792 immer wieder in kriegerische Auseinandersetzungen mit diesem verwickelt war. Die Konstruktion eines Feindbildes – teilweise von den Machthabern gesteuert – diente als Integrationsideologie, um den Zusammenhalt im eigenen Lande zu festigen. Dies verstärkte sich vor allem seit der Mitte des 19. Jahrhunderts und erreichte einen ersten Höhepunkt in den Einigungskriegen. Gerade die Reichsgründung von 1871, die direkt nach dem Krieg mit Frankreich stattfand, wurde demonstrativ in Versailles gefeiert, dem Machtzentrum der französischen Könige seit Ludwig XIV. Im deutschen Kaiserreich wurde daraufhin immer wieder die unüberwindliche „Erbfeindschaft" zu Frankreich betont, die angeblich schon seit der Reichsteilung des

Mittelalters existierte. Mit solchen Behauptungen rechtfertigten Regierungen beispielsweise außenpolitische Schachzüge oder hohe Militärausgaben. Außerdem entstand vor allem in konservativen Kreisen die Vorstellung eines besonderen deutschen Weges: Die Deutschen seien von einer überlegenen Andersartigkeit, da sie weder die Irrungen von Revolution, Demokratie und Parlamentarismus beschritten hätten (wie in Frankreich oder Großbritannien) noch in den altertümlichen Strukturen verharren würden (wie der russische Vielvölkerstaat). Die Propaganda im Vorfeld des Ersten Weltkrieges und während der Kriegsjahre zeichnete verzerrte Bilder der Franzosen wie auch anderer Nationen (z. B. Russland, Großbritannien) und suggerierte der Bevölkerung jahrelang, dass das Deutsche Reich von diesen unterlegenen Staaten gar nicht besiegt werden könne. Ein ähnlich übersteigerter **Nationalismus** war jedoch auch in anderen Staaten vorhanden und erschwerte den Frieden nach dem Weltkrieg.

Deutschland und Frankreich im 20. Jahrhundert

Der Schock über den verlorenen Krieg und die – auch auf Veranlassung Frankreichs – harten Friedensbedingungen des *Versailler Vertrags* vertieften in Deutschland die Ressentiments gegen den westlichen Nachbarstaat. Dazu trugen auch die Konflikte der Nachkriegszeit (Reparationen, Ruhrkampf) sowie die Propaganda rechter Kreise bei, die jede Kriegsschuld Deutschlands leugneten. Auf französischer Seite verhinderten Revanche- und Angstgefühle sowie machtpolitische Erwägungen eine Versöhnung. Eine kurze Phase der Entspannung und Annäherung durch die Außenpolitik Gustav Stresemanns (Deutschland) und Aristide Briands (Frankreich) in der Mitte der 1920er-Jahre (Locarno-Verträge, Aufnahme Deutschlands in den Völkerbund) wurde duch die Machtergreifung Hitlers beendet. Der Nationalismus gipfelte hier in der Ideologie des **Nationalsozialismus** und im Rassenwahn. Der Zweite Weltkrieg und die deutsche Besetzung großer Teile Frankreichs führten nach Kriegsende dazu, dass die französische Regierung versuchte, ein Wiedererstarken Deutschlands zu verhindern. Nur zögernd stimmte man der Gründung der Bundesrepublik zu und beobachtete misstrauisch die deutsche Politik. Konrad Adenauers Ziel einer *Westintegration* bedurfte einer Aussöhnung mit Frankreich. Dazu diente die Mitarbeit an Projekten wie der Europäischen Gemeinschaft für Kohle und Stahl (EGKS) oder der – letztendlich gescheiterten – Europäischen Verteidigungsgemeinschaft (EVG). Das persönlich gute Verhältnis von Adenauer und dem französischen Staatspräsidenten Charles de Gaulle trug dazu bei, dass sich die deutsch-französischen Beziehungen langsam verbesserten. Ihre Bemühungen gipfelten schließlich in der Unterzeichnung des *deutsch-französischen Freundschaftsvertrages* (1963). Das Zusammenwirken beider Staaten bildete in den folgenden Jahrzehnten eine wichtige Basis für die europäische Einigung.

Klausuraufgaben

Der Dichter Heinrich von Kleist verfasste 1808 das Drama „Die Herrmannsschlacht". Zu Beginn des 1. Aktes treffen sich mehrere germanische Fürsten, um Herrmann, den Fürsten der Cherusker, zu treffen und ein Bündnis gegen die Römer zu schließen. Sie besprechen die gegenwärtige Lage in Germanien.

Wolf [Fürst der Katten]
Es ist umsonst [...] wir sind verloren!
Rom, dieser Riese, der, das Mittelmeer beschreitend, [...].
Er wirft auch jetzt uns Deutsche in den Staub.
Gueltar, der Nervier, und Fust, der Fürst der Cimbern,
Erlagen dem Augustus schon;
Holm auch, der Friese, wehrt sich nur noch sterbend;
Aristan hat, der Ubier,
Der ungroßmütigste von allen deutschen Fürsten,
In Varus' Arme treulos sich geworfen; [...].

Thuiskomar [Fürst der Sicambrier]
[...] Ein förmlicher Vertrag ward jüngst,
Geschlossen zwischen mir und ihm [Varus]:
Wenn ich dem Fürsten mich der Friesen nicht verbände,
So solle dem August[us] mein Erbland heilig sein;
Und hier, seht diesen Brief, ihr Herrn,
Mein Erbland ist von Römern überflutet.
Der Krieg, so schreibt der falsche Schelm,
In welchem er mit Holm, dem Friesen, liege,
Erfordere, daß ihm Sicambrien sich öffne:
Und meine Freundschaft für Augustus laß ihn hoffen,
Ich werd ihm diesen dreisten Schritt,
Den Not ihm dringend abgepreßt, verzeihn.
Laßt Hermann, wenn er kömmt, den Gaunerstreich uns melden:
So kommt gewiß, Freund Dagobert,
Freund Selgar, noch der Bund zustande,
Um dessenthalb wir hier bei ihm versammelt sind.

Dagobert [Fürst der Marsen]
Freund Thuiskomar! Ob ich dem Bündnis mich,
Das diese Fremdlinge aus Deutschland soll verjagen,
Anschließen werd, ob nicht: darüber, weißt du,
Entscheidet hier ein Wort aus Selgars Munde!
Augustus trägt, Roms Kaiser, mir,
Wenn ich mich seiner Sache will vermählen,
Das ganze, jüngst dem Ariovist entrißne,
Reich der Narisker an – [...].
Ich will es nicht!
Dem Vaterlande bleib ich treu,
Ich schlag es aus, ich bin bereit dazu.
Doch der hier, Selgar, soll, der Fürst der Brukterer,
Den Strich mir, der mein Eigentum,
An dem Gestad der Lippe überlassen;
Wir lagen längst im Streit darum.
Und wenn er mir Gerechtigkeit verweigert,
Selbst jetzt noch, da er meiner Großmut braucht,
So werd ich mich in euren Krieg nicht mischen.

Selgar [Fürst der Brukterer]
Dein Eigentum! Sieh da! Mit welchem Rechte
Nennst du, was mir verpfändet, dein,
Bevor das Pfand, das Horst, mein Ahnherr, zahlte,
An seinen Enkel du zurückgezahlt?
Ist jetzt der würdge Augenblick,
Zur Sprache solche Zwistigkeit zu bringen?
Eh ich, Unedelmütgem, dir
Den Strich am Lippgestade überlasse,
Eh will an Augusts Heere ich
Mein ganzes Reich, mit Haus und Hof verlieren!
[...]
Wolf (indem er sich erhebt)
Da hast du recht! Es bricht der Wolf, o Deutschland,
In deine Hürde ein, und deine Hirten streiten
Um eine Handvoll Wolle sich.

Quelle: Heinrich von Kleist, Die Herrmannsschlacht, zitiert nach: http://gutenberg.spiegel.de/buch/577/2.

a) Erarbeiten Sie aus dem Text, mit welchen Mitteln die Römer – laut Kleists Drama – ihre Macht in Germanien ausdehnen.
b) Kleist charakterisiert in seinem Drama indirekt die deutschen Fürsten seiner eigenen Zeit. Arbeiten Sie heraus, welches Verhalten er an ihnen kritisiert.
c) Ordnen Sie das Drama in die Geschichte des „Hermann-Mythos" ein.

4 Konfliktregionen und Akteure internationaler Politik in historischer Perspektive

Worum es geht

Die internationale Politik erscheint dem Laien als ein höchst komplexes Feld. In der Außenpolitik der jeweils beteiligten Staaten spielen auch innenpolitische, wirtschaftliche und nicht zuletzt ideologische und religiöse Faktoren eine Rolle. Diese alle zu kennen und richtig zu bewerten ist schwierig, zumal wenn es sich um die letzte verbliebene Supermacht, die USA, handelt, die seit dem Zweiten Weltkrieg eine beherrschende Rolle in der Weltpolitik innehat. Dabei müssen auch die Anfänge dieses Staates beachtet werden, der sich aus einem Zusammenschluss britischer Kolonien auf dem amerikanischen Kontinent zur Weltmacht entwickelt hat.

Auch für einen der dauerhaftesten Krisenherde – den Nahostkonflikt – ist es wichtig, nach den Anfängen in der Geschichte zu forschen. Sonst lässt sich das Geflecht aus widerstreitenden Interessen, permanent schwelenden, tief reichenden Konflikten und jahrhundertealten Problemen nicht entwirren und nicht verstehen. Überdies geht es nicht nur um eine Auseinandersetzung zwischen Palästinensern und Israelis, auch die arabischen Nachbarstaaten und die Groß- und Weltmächte wollen in der Region ihre Interessen vertreten. Die Staatengemeinschaft selbst versucht auch in der UNO bislang vergeblich, diesen Konflikt zu lösen.

Seit dem ausgehenden 20. Jahrhundert ist die UNO zunehmend die Institution, mit der internationale Konflikte gelöst werden sollen; im Bild die UN-Vollversammlung während einer Sitzung *Foto, 21. September 2011.*

4.1 Der Nahe Osten: Historische Wurzeln eines weltpolitischen Konflikts

Wichtige Daten zur Orientierung

70 n. Chr.	Eroberung Jerusalems durch die Römer, Zerstörung des Tempels
638	Eroberung Palästinas durch die Araber
1095	Aufruf zum Ersten Kreuzzug durch Papst Urban II.
1096–1270	Kreuzzüge
1099	Eroberung Jerusalems durch die Kreuzfahrer
1516–1917	Palästina unter osmanischer Herrschaft
1896	Veröffentlichung des Buches „Der Judenstaat" von Theodor Herzl
1917	Balfour-Deklaration
1948	Gründung des Staates Israel
1967	Sechstagekrieg
1973	Yom-Kippur-Krieg
1987	erste Intifada
2000	zweite Intifada

Grundbegriffe aus der Mittelstufe

Nahostkonflikt: Der Nahostkonflikt ist ein politischer und zum Teil militärischer Konflikt um das Existenzrecht des Staates Israel und die Rechte der Palästinenser an diesem Land sowie um die Gründung eines eigenen palästinensischen Staates. In diese Auseinandersetzungen sind und waren neben Israel und verschiedenen palästinensischen Organisationen (v. a. die PLO) auch fast alle arabischen Staaten verwickelt. Im Kalten Krieg war der Nahostkonflikt von großer Bedeutung und blieb auch danach eine Krisenregion. Bis heute befassen sich zahlreiche Friedens- und Sicherheitsbemühungen der Weltgemeinschaft mit der Lösung des Konflikts.

UNO: Die Vereinten Nationen (engl.: United Nations, UN, oder United Nations Organization, UNO) wurden 1945 als Nachfolgeorganisation des Völkerbundes gegründet. Die UNO basiert auf der Idee der Gleichberechtigung der Staaten und der Selbstbestimmung der Völker. Ihre Hauptaufgaben bestehen in der Sicherung des Friedens, der Verständigung der Völker untereinander sowie der internationalen Zusammenarbeit zur Lösung wirtschaftlicher, kultureller, sozialer und humanitärer Probleme.

Basiswissen der Oberstufe

Der Nahe Osten als Region ist seit der Gründung des Staates Israel als Konfliktregion ständig in den Medien präsent. Die grundlegende Auseinandersetzung zwischen Israelis und Palästinensern dreht sich um den Besitz des Landes, das seit der Antike von unterschiedlichen Mächten beherrscht wurde, denn sowohl Israelis als auch Palästinenser haben hier ihre Wurzeln. Der **Nahostkonflikt** kann jedoch nicht isoliert von der weltpolitischen Lage betrachtet werden, denn sowohl die arabischen Nachbarstaaten als auch die europäischen Staaten, die USA und die Sowjetunion vertraten jeweils ihre Interessen in der Region und beeinflussten direkt oder indirekt das Geschehen.

Das gelobte Land des Volkes Israel

Laut den heiligen Schriften gab Gott dem Volk Israel das Land zwischen dem Jordan und der östlichen Mittelmeerküste sowie zwischen dem Libanongebirge und der Negevwüste als Heimat. Die dort siedelnden Stämme besaßen eine gemeinsame Sprache und Kultur und unterschieden sich von ihren Nachbarn durch einen strengen Monotheismus. Dadurch entwickelte sich ein Gefühl der Auserwähltheit. Die Israeliten und die von ihnen begründeten Staatsgebilde (Nordreich Israel, später Südreich Juda) mussten sich jedoch immer gegen die sie umgebenden Großreiche (Assyrer, Babylonier) wehren und existierten meist in deren Abhängigkeit. Einen autonomen Staat unter der Führung von Priesterkönigen gab es nur für ungefähr ein Jahrhundert (165 v. Chr. bis 63 v. Chr.). Trotzdem waren das von Gott gegebene, „gelobte Land", die Stadt Jerusalem und der dort erbaute Tempel für das jüdische Volk eng mit seinem Glauben verwoben und deshalb von besonderer Bedeutung.

Die Auseinandersetzungen mit den Römern

Seit dem 1. Jahrhundert v. Chr. gehörte die östliche Mittelmeerküste zum Interessensgebiet der Römer, sie errichteten dort die Provinz Syria, zu der auch das von den Juden besiedelte Gebiet gehörte. Trotzdem blieb deren König weiter im Amt, und auch die Religionsausübung wurde von den Römern nicht behindert. Doch das Gebiet kam nicht zur Ruhe. Zu den innerjüdischen Konflikten religiöser und sozialer Art kamen Auseinandersetzungen mit der Besatzungsmacht, aus denen immer wieder Aufstände erwuchsen. Ein Grund dafür war das grundsätzlich andere Verständnis von Religion und Staat bei Römern und Juden. 66 n. Chr. begann eine antirömische Revolte, der sogenannte „erste jüdische Krieg", den die Römer mehrere Jahre lang nicht unterdrücken konnten. Erst 70 n. Chr. gelang es ihnen, nach langer Belagerung, die Stadt Jerusalem zu erobern. Dabei wurde der Tempel bis auf die Grundmauern niedergebrannt. Die Juden verloren damit ihr religiöses Zentrum. Die Tempelpriester als Vermittler der religiösen Ordnung konnten diese Aufgabe nicht mehr erfüllen. Stattdessen gewannen die geschriebenen heiligen Texte, die Tora und später auch der Talmud, an Bedeutung für das religiöse Leben. Das Judentum entwickelte sich zur „Buchreligion". In der Propaganda des Kaisers Vespasian und seines Sohnes Titus, des siegreichen Feldherrn, nahm der Sieg über die Juden breiten Raum ein. Aus römischer Sicht war die Tempelzerstörung eine Strafe für die Unbotmäßigkeit der Juden, aber auch ein Zeichen, dass der Eingottglaube nicht richtig sein konnte.

Der Weg in die Diaspora

Trotz des Sieges mussten die römischen Statthalter von Judäa in den folgenden Jahren immer wieder Revolten bekämpfen. Die bedeutendste, der zweite jüdische Krieg (132–135 n. Chr.), wurde schließlich brutal und unter großen Verlusten von den römischen Truppen niedergeschlagen. Die Strafe war umfassend: Jerusalem wurde völlig zerstört. Kein Jude durfte dort mehr leben. Auf den Ruinen der Stadt wurde eine römische Siedlung erbaut, am ehemaligen Standort des jüdischen Tempels ein Jupitertempel errichtet. Die Römer benannten die Gebiete Judäa und Galiläa zur Demütigung in *„Palästina"* um, nach dem Namen der Philister, der ehemaligen Feinde der Juden. Auch schickte man gezielt nicht jüdische Siedler nach Palästina. Wie schon nach dem ersten jüdischen Krieg verließen viele Juden ihre Heimat. Teilweise wurden sie planmäßig vertrieben. So lebte bald ein großer Teil der Juden außerhalb des jüdischen Kernlandes in den Gebieten rund ums Mittelmeer, aber auch im Perserreich. Die Mehrheit wohnte in kleinen, in sich geschlossenen Gemeinden in einer andersgläubigen Umwelt, in der *Diaspora* (griech. „Verstreutheit").

Die Ausbreitung des muslimischen Machtbereichs

Ende des 4. Jahrhunderts n. Chr. (ab 395) wurde das Römische Reich in einen westlichen und einen östlichen Teil aufgespalten. Zum Gebiet des Oströmischen Reiches (auch Byzantinisches Reich genannt) gehörte bis zum Anfang des 7. Jahrhunderts auch Palästina. Dann wurde es durch Eroberung Teil des muslimischen *Kalifenreiches*. Zwar war es Christen und Juden erlaubt, ihre Religion privat auszuüben, doch die Mehrheit der Bevölkerung konvertierte zum Islam.
Während eines knappen Jahrhunderts breitete sich der islamische Machtbereich über die östliche Mittelmeerküste und ganz Nordafrika bis nach Spanien aus. Ein großer Teil des ehemals oströmischen Territoriums war nun in der Hand der Araber, während sich die christlichen Europäer über Jahrhunderte hinweg mühten, die Muslime abzuwehren und schließlich nach 700 Jahren aus Spanien zu verdrängen. Sowohl die christliche als auch die muslimische Welt wurden jedoch immer wieder durch innere politische und religiöse Zwistigkeiten und Konkurrenzkämpfe erschüttert und geschwächt.

Der Aufruf zum Kreuzzug

Im 11. Jahrhundert verstärkte sich die Gefahr für den Rest des Byzantinischen Reiches. Türkische Stämme eroberten innerhalb weniger Jahre fast ganz Kleinasien und bedrohten die Hauptstadt Konstantinopel. Deshalb bat der byzantinische Kaiser im Westen um Hilfe. Er wollte mit der militärischen Hilfe europäischer Truppen die verlorenen Gebiete, die den Kern seines Reiches ausgemacht hatten, zurückgewinnen. Gesandte aus Konstantinopel sprachen auf einem päpstlichen Konzil und betonten, dass die heilige Stadt Jerusalem ebenfalls von den Muslimen besetzt sei. Als Reaktion darauf rief Papst Urban II. einige Monate später in Clermont (1095) zum *Kreuzzug* für die Befreiung Jerusalems und des „Heiligen Landes" auf. Vermutlich war der Aufruf des Papstes aus machtpolitischen Erwägungen gut geplant und geschickt inszeniert. Doch Urban rechnete wahrscheinlich nicht damit, dass er nicht nur den Kreuzzug der Adligen, sondern auch eine weitreichende Massenbewegung unter der einfachen Bevölkerung auslöste. Als sich der Kreuzzugsaufruf in ganz Europa verbreitet und für die Beteiligung ein Sündenablass als Lohn versprochen wurde, machten sich zunächst viele Menschen aus einfachen Schichten auf ins Heilige Land. Der „Volkskreuzzug" wurde letztendlich in Kleinasien von den Gegnern aufgerieben, nachdem Gruppen dieser Kreuzfahrer unterwegs noch in Europa Pogrome an Juden sowie Plünderungen und andere Verbrechen begangen hatten.

Der erste Kreuzzug

Der erste „echte" Kreuzzug bestand aus Heeren französischer, normannischer, flämischer und lothringischer Ritter, die sich auf unterschiedlichen Wegen zunächst nach Konstantinopel begaben und von dort aus gemeinsam weiterzogen. Bei ihren Eroberungen unterwegs gingen sie äußerst brutal vor, was den Widerstand der einheimischen Bevölkerung hervorrief. Dabei gelang die Errichtung von vier sogenannten *Kreuzfahrerstaaten* in Kleinasien und an der Mittelmeerküste. Schließlich erreichte das Heer Jerusalem und eroberte die Stadt nach einer mehrwöchigen Belagerung (Juli 1099). Es kam zu einem Massaker an den Bewohnern der Stadt. Diese Erfolge wurden unter großen Strapazen und mit hohen Verlusten errungen. Dabei profitierten die Kreuzfahrer von der Uneinigkeit der muslimischen Herrscher, die zu einer gemeinsamen Gegenwehr nicht fähig waren. In den nun von den Kreuzfahrern beherrschten Gebieten wurden Juden und Muslime nicht verfolgt, aber rechtlich, sozial und religiös diskriminiert, auch die einheimischen Christen waren den Europäern keinesfalls gleichgestellt. Die Anführer der europäischen Ritter verfolgten auf der Suche nach Macht, Besitz und Ruhm jeweils eigene Interessen. Das schwächte für die Zukunft die Position der Kreuzfahrerstaaten gegen muslimische Angreifer.

Die Kreuzzüge – zwischen Misserfolg und Eigennutz

Auf den ersten *Kreuzzug* folgten noch einige weitere, aber schon beim zweiten kämpfte ein Teil der Ritter nicht im Heiligen Land, sondern auf der Iberischen Halbinsel oder gegen slawische Stämme im Nordosten. Da die bis dahin zerstrittenen muslimischen Machthaber im Nahen Osten sich miteinander verbündeten, mussten die Kreuzfahrer immer öfter Niederlagen hinnehmen. Dem kurdischstämmigen Sultan Saladin (1137/1138–1193), der Ägypten und Syrien beherrschte, gelang die Eroberung Jerusalems. Viele christliche Kirchen wurden in Moscheen umgewandelt. Christen und Juden erhielten jedoch freien Zugang zu ihren heiligen Stätten. Auch die folgenden Kreuzzüge konnten die Rückeroberung der *Kreuzfahrerstaaten* durch die Muslime nur noch aufschieben, aber letztendlich nicht verhindern. Im Mai 1291 nahmen die ägyptischen Mamelucken Akkon ein, die letzte Festung der Kreuzfahrer in Palästina. Damit waren die Kreuzzüge gescheitert.

Meist war es den Beteiligten allerdings nicht um die Sicherung der christlichen Interessen im Heiligen Land gegangen, sondern um eigennützige Belange. Die Päpste gewannen an Einfluss, und mancher Ritter wollte vor allem Beute machen oder Land erhalten. Die Handelsstädte Genua und Venedig sowie die Ritterorden verdienten an der Organisation von Kreuzzügen und Pilgerreisen.

Während die Kreuzzüge also letztendlich an der Situation im Heiligen Land wenig änderten, kam es doch zu vielen Kontakten zwischen den Europäern und den Muslimen. Die europäische Führungsschicht lernte die byzantinische und *arabische Kultur* kennen, die in vieler Hinsicht der europäischen überlegen war. Auch lernten sie – vermittelt durch Byzantiner und Araber – Philosophie und Geisteswelt der griechischen Antike kennen, was die Wissenschaften in Europa befruchtete. Die Kreuzzüge beeinflussten auch die Herausbildung der höfischen Kultur des Hochmittelalters. Überdies wurden ergiebige Handelsverbindungen begründet, wobei die Europäer vor allem Luxusgüter aus dem Orient bezogen (z. B. Gewürze, Weihrauch, wertvolle Stoffe).

Palästina unter der Herrschaft der Osmanen

Seit dem Anfang des 14. Jahrhunderts errichtete der türkische Stamm der *Osmanen* von Anatolien aus ein riesiges Reich. 1453 eroberten sie Konstantinopel und weiteten ihre Herrschaft über den Balkan aus, von wo aus sie Ostmitteleuropa bedrohten. Doch über die Jahrhunderte hinweg wurde die Macht der osmanischen Sultane immer schwächer. So gelang es im 19. Jahrhundert beispielsweise Großbritannien und Frankreich, große Gebiete aus dem Osmanischen Reich für ihre eigenen Kolonialreiche zu erobern.

Seit 1516 beherrschten die Osmanen Palästina. Juden und Christen durften auch weiter ihrem Glauben nachgehen. Zu nennenswerten Konflikten zwischen muslimischer und nicht muslimischer Bevölkerung (Christen und Juden) kam es selten. War das Land zu Anfang des 19. Jahrhunderts noch relativ dünn besiedelt und wirtschaftlich wenig leistungsfähig, begann in den 1880er-Jahren die Einwanderung von Juden vor allem aus Russland nach Palästina. Zur gleichen Zeit siedelten sich aber auch viele Araber dort neu an.

Der Zionismus – Hoffnung auf einen eigenen Staat

Die Mehrheit der Juden lebte verstreut in Europa. Die Idee von der Errichtung eines eigenen Staates war für die meisten von ihnen nur ein Traum. Doch gegen Ende des 19. Jahrhunderts entstand die jüdische Nationalbewegung, die sogenannte *zionistische*

Theodor Herzl (1860–1904), österreichisch-ungarischer Schriftsteller, Journalist und zionistischer Politiker
Foto, um 1900.

Bewegung. Ihre Mitglieder wollten in Palästina einen jüdischen Staat errichten. Ein wichtiger Ideengeber war der Wiener Journalist Theodor Herzl, der 1896 bereits vorhandenes Gedankengut in seinem Buch „Der Judenstaat" zusammenfasste. Herzl und seine Mitstreiter, zum Beispiel Chaim Weizmann, warben überall in Europa für die Ideen des *Zionismus*. Doch es gab auch viele Juden, die Herzls Programm ablehnten und sogar bekämpften.

Die Veränderungen durch den Ersten Weltkrieg

Im Ersten Weltkrieg kämpfte das *Osmanische Reich* an der Seite der Mittelmächte (Deutschland und Österreich-Ungarn). Arabische Nationalisten, die einen eigenen arabischen Staat errichten wollten, kollaborierten mit Großbritannien und unternahmen Aufstände gegen die Türken. So gelang es dem Emir von Mekka, die türkische Oberhoheit abzuschütteln. Britische und französische Truppen eroberten Palästina, Syrien und den Irak. Die „Befreiung" aus dem Osmanischen Reich bedeutete also eine Aufteilung des Nahen Ostens. Das Osmanische Reich hörte 1922 auf zu existieren.

Im Weltkrieg hatten Frankreich und vor allem Großbritannien den erwachenden Nationalismus der Araber benutzt, um deren Unterstützung zu gewinnen. So versprach im Oktober 1915 der britische Hochkommissar in Ägypten im Auftrag seiner Regierung in einem Brief ein unabhängiges großarabisches Königreich, das auch Palästina umfassen sollte. Andererseits verabredeten die britische und die französische Regierung, den Nahen Osten nach dem Krieg unter sich aufzuteilen. Im November 1917 sagte der britische Außenminister in einem Brief an den prominenten Zionisten Baron Rothschild die Unterstützung der Regierung für die Gründung einer „nationalen Heimstätte" für das jüdische Volk in Palästina zu (Balfour-Deklaration). Somit gab es verschiedene, sich dem Sinn nach widersprechende Zusagen und Versprechungen über die Zukunft Palästinas. Nach dem Krieg übernahmen Großbritannien und Frankreich die im Nahen Osten eroberten Gebiete als *„Mandatsgebiete"*. Ein Teil der arabischen Halbinsel wurde unabhängig, und in den folgenden Jahren konnten einige arabische Staaten formal ihre Unabhängigkeit erreichen, faktisch blieben sie allerdings von Großbritannien abhängig. Auch errichteten die Briten in einem Teil ihres Mandatsgebietes das autonome Emirat Transjordanien (heute Jordanien). Der versprochene großarabische Staat entstand nicht.

Die jüdische Einwanderung nach Palästina

Zwischen 1881 und dem Beginn des Ersten Weltkriegs verließen über zwei Millionen Juden Osteuropa, häufig auf der Flucht vor politischer und religiöser Unterdrückung oder aus Armut. Zunächst waren Mitteleuropa, aber auch die USA oder Südamerika das Ziel. Dann wanderten immer mehr Juden nach Palästina aus. Unter zionistischer Anleitung begannen sie dort, eine Selbstverwaltung, unter anderem mit Parteien und Gewerkschaften, aufzubauen. Es kam bald zu ersten Konflikten mit der einheimischen Bevölkerung, die sich verdrängt fühlte. Mit der wachsenden Zahl einwandernder Juden verschlechterte sich die Situation vor allem der ärmeren Mitglieder in der alteingesessenen arabischen Bevölkerung zusehends. Die *Palästinenser* sahen nicht nur ihre nationalen Ziele bedroht, sondern auch ihre Existenzgrundlage. Hinzu kam, dass die Mandatsmacht Großbritannien immer wieder Juden bzw. Zionisten und Araber gegeneinander ausspielte. Anfang der 1920er-Jahre kam es zu ersten blutigen Auseinandersetzungen zwischen den Neusiedlern und der ansässigen arabischen Bevölkerung. Diese weiteten sich im folgenden Jahrzehnt zu einem großen Aufstand gegen die britische Besatzung aus. Um den Frieden im Nahen Osten wenigstens notdürftig aufrechtzuerhalten, unterband die britische Regierung zeitweise die anhaltende Einreise von Juden ins Land. Trotzdem ging die Zuwanderung in den 1940er-Jahren weiter. Schließlich wurde die Situation für Großbritannien unhaltbar, und es übergab 1947 die Palästinafrage an die **UNO**.

Die Pläne der UNO für Palästina

Die **UNO** setzte eine Kommission ein, die Lösungsmöglichkeiten für die Zukunft Palästinas untersuchen sollte. Grundsätzlich gab es zwei Möglichkeiten: die Gründung zweier getrennter Staaten *(„Zweistaatenlösung")* oder die Bildung eines gemeinsamen Staates mit je einem arabischen und einem jüdischen Teilstaat. Jerusalem sollte unter internationale Kontrolle gestellt werden. Schließlich stimmte die Mehrheit in der Vollversammlung der UNO im November 1947 für die Aufteilung des Landes in einen arabischen und einen jüdischen Staat. Die meisten Juden in Palästina akzeptierten diesen Plan. Manchen Gruppen gingen die Pläne nicht weit genug, sie wollten ein größeres Territorium. Die jüdische Orthodoxie dagegen sprach sich grundsätzlich gegen die Gründung eines Staates aus. Auch auf arabischer Seite lehnte man den UN-Plan ab. Entweder wandten sich ihre Vertreter gegen die Größe oder die Qualität des den Juden zugewiesenen Landes oder man verwehrte sich generell gegen einen eigenen jüdischen Staat. Dennoch bildet die UN-Resolution nicht nur die völkerrechtliche Basis des Staates Israel, sondern auch die für die Gründung eines eigenen Palästinenserstaates.

David Ben-Gurion (1886–1973), israelischer Ministerpräsident (1948–1953, 1955–1963)
Foto, um 1948.

Die Entstehung des Staates Israel

Schon kurz nach der Verkündung des UN-Planes begannen erste Kämpfe zwischen Palästinensern und Juden. Beide Seiten rüsteten auf. Da führende Repräsentanten der Palästinenser den UNO-Teilungsplan abgelehnt hatten, war die Chance auf die gleichzeitige Gründung eines eigenen Palästinenserstaates vergeben. Großbritannien bereitete unterdessen den bis Mitte Mai geplanten Rückzug seiner Truppen aus Palästina vor. Somit war eine weitere Verschärfung der Situation zu erwarten. Noch bevor am 15. Mai 1948 die britische Mandatszeit offiziell endete, verlas David Ben-Gurion (bald erster Ministerpräsident Israels) die Unabhängigkeitserklärung und rief damit den Staat Israel aus. Viele Israelis feierten auf den Straßen, während in mehreren arabischen Staaten Protestdemonstrationen stattfanden. Am nächsten Tag begann der erste *arabisch-israelische Krieg*. Trotz der Kämpfe formierte sich der israelische Staat, da schon während der Mandatszeit entsprechende Gremien organisiert worden waren. Ende Mai wurde aus bereits vorher bestehenden paramilitärischen Gruppen die israelische Armee gebildet.

Die Flucht und Vertreibung der Palästinenser

Der Abzug britischer Beamten und Soldaten verursachte noch vor der offiziellen Staatsgründung chaotische Zustände, und die beginnenden Kämpfe veranlassten eine wachsende Anzahl von Palästinensern zur Flucht. Außerdem kam es wohl schon zu diesem frühen Zeitpunkt zu Vertreibungen durch jüdische Kampfgruppen. Auf beiden Seiten heizten Radikale die Stimmung an und begingen Gewalttaten. Durch den Beginn des Krieges im Mai 1948 kam es zu breiten Fluchtbewegungen von Palästinensern aus israelisch kontrollierten Gebieten. Teilweise wurden sie von den arabischen Nachbarländern dazu aufgerufen, viele aber hatten einfach Angst oder wurden vertrieben. Insgesamt belief sich die Gesamtzahl der Flüchtlinge laut dem zuständigen Flüchtlingshilfswerk der UNO auf 725 000. Die israelische Regierung lehnte die Rückkehr der geflohenen Palästinenser bis zum Abschluss eines Friedensvertrages ab. Da dieser nicht zustande kam, blieb es bei der Ablehnung und die verlassenen palästinensischen Siedlungen wurden mit jüdischen Neueinwanderern besiedelt. Im Gegenzug flohen rund 800 000 Juden aus den umliegenden arabischen Staaten nach Israel. Im Krieg annektierten Israel, Jordanien und Ägypten Land, das eigentlich für den palästinensischen Staat vorgesehen war. Die Aussicht auf seine Verwirklichung schwand dadurch noch mehr. Der Ausgang des *Sechstagekriegs* 1967, nach dem Ägypten, Jordanien und Syrien an Israel Gebiete verloren, verschlimmerte das *Flüchtlingsproblem* noch weiter.

Jassir Arafat (1929–2004), palästinensischer Freiheitskämpfer und Politiker
Foto, 1982.

Der Kampf der Palästinenser gegen Israel

Trotz Vertreibung und Flucht lebten noch zahlreiche Palästinenser in Israel, im Westjordanland und im Gazastreifen. Bis Mitte der 1960er-Jahre setzten sie ihre Hoffnungen auf den ägyptischen Präsidenten Nasser (1918–1970), der einen starken arabischen Nationalismus propagierte. Doch dieser verlor den *Sechstagekrieg* (1967) und damit an Ansehen. Dafür fanden viele Palästinenser nun eine politische Heimat in den teilweise militanten Widerstandsgruppen gegen Israel. Somit gehört der Kampf gegen den Staat Israel für viele Palästinenser von Anfang an zur Identität ihrer Nation. Die bekannteste Vertretung der Palästinenser, die Palästinensische Befreiungsorganisation *(PLO)*, wurde 1964 auf Initiative des ägyptischen Präsidenten gegründet, ab 1969 war Jassir Arafat ihr Anführer. PLO und andere palästinensische Gruppen definierten als ihr Ziel die Zerstörung des Staates Israel. Der Weg dorthin sollte der bewaffnete Kampf sein. Sie führten Guerillaaktionen durch, griffen aber auch vom Boden der arabischen Nachbarstaaten aus israelisches Gebiet an. Während des Kalten Krieges erhielten die PLO und die arabischen Staaten Unterstützung von der Sowjetunion und ihren Verbündeten (u. a. auch von der DDR), während Israel vom westlichen Lager gestützt wurde. Im Laufe der Zeit distanzierten sich immer mehr arabische Staaten von der PLO und ihren Aktionen, weil der Terror der Palästinenser auch deren innere Sicherheit und Stabilität gefährdete.

Da Israel gegenüber den palästinensischen Forderungen nicht nachgab und weiterhin das Westjordanland und den Gazastreifen besetzt hielt, riefen die Palästinenser 1987 die sogenannte *Intifada* (arab. „sich erheben zum Zweck der Abschüttlung") aus. Diese begann mit Protest- und Boykottaktionen sowie mit Straßenschlachten („Krieg der Steine"), in den folgenden Jahren aber eskalierte die Gewalt, und es kam zu zahlreichen, blutigen Widerstandsaktionen und Massendemonstrationen der Palästinenser in den besetzten Gebieten. Aus Angst vor dem Übergreifen der Auseinandersetzungen auf Jordanien überließ der jordanische König den Palästinensern das Westjordanland. Durch die Intifada war das internationale Interesse am Nahostkonflikt wiedererwacht. In die bisher festgefahrene Situation der Palästinenser kam Bewegung, als Jassir Arafat am 15. November 1988 den *Staat Palästina* ausrief. Trotzdem ging die Intifada weiter. Die anhaltenden Kämpfe bereiteten der israelischen Armee große Probleme und führten auch in Teilen der israelischen Bevölkerung zu einem Umdenken in Bezug auf die *Palästinenserfrage*.

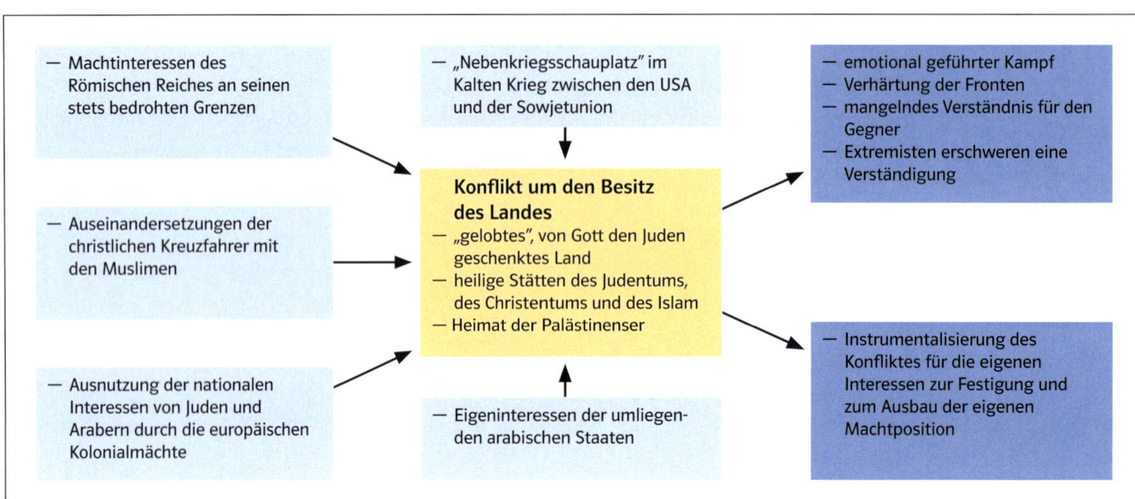

Der Nahostkonflikt

Der Friedensprozess beginnt

Das Ende des Kalten Krieges weichte auch die Fronten im Nahen Osten auf. Auf Betreiben der USA begannen sehr lange und schwierige, teils geheime Gespräche zwischen den Palästinensern und Israel. Es gab zahlreiche Problemfelder: Sowohl Palästinenser als auch Israelis forderten Jerusalem als Hauptstadt. Die Israelis verweigerten die Rückkehr der vertriebenen Palästinenser und ihrer Nachkommen, denn der Zuzug von rund 6 Millionen Menschen überwiegend muslimischen Glaubens würde den Charakter Israels als jüdisch dominierten Staat grundlegend ändern. Außerdem hatten *jüdische Siedler* begonnen, sich in den 1967 besetzten Palästinensergebieten dauerhaft niederzulassen.

Nachdem beide Seiten Gesten der Versöhnungsbereitschaft hatten erkennen lassen, kam schließlich zu Anfang der 1990er-Jahre der sogenannte *Oslo-Friedensprozess* in Gang. Er umfasste mehrere Vereinbarungen, die zwischen 1993 und 1995 unterzeichnet wurden. Sie sahen für das Gebiet von Jericho, den Gazastreifen und das Westjordanland (Westbank) einen Abzug der israelischen Armee und eine schrittweise palästinensische Selbstverwaltung vor. Dafür verzichtete die PLO auf die Forderung nach einem palästinensischen Staat auf der gesamten Fläche Israels und auf die Anwendung von Gewalt. Außerdem wurden von der PLO der Staat Israel und seine Existenz anerkannt, während Israel die PLO als offiziellen Vertreter der Palästinenser akzeptierte. Bei diesen Verträgen wurden aber zentrale Streitpunkte ausgenommen (die Zukunft der jüdischen Siedlungen und der palästinensischen Flüchtlinge, der endgültige Grenzverlauf zwischen den beiden Staaten und den Sta-

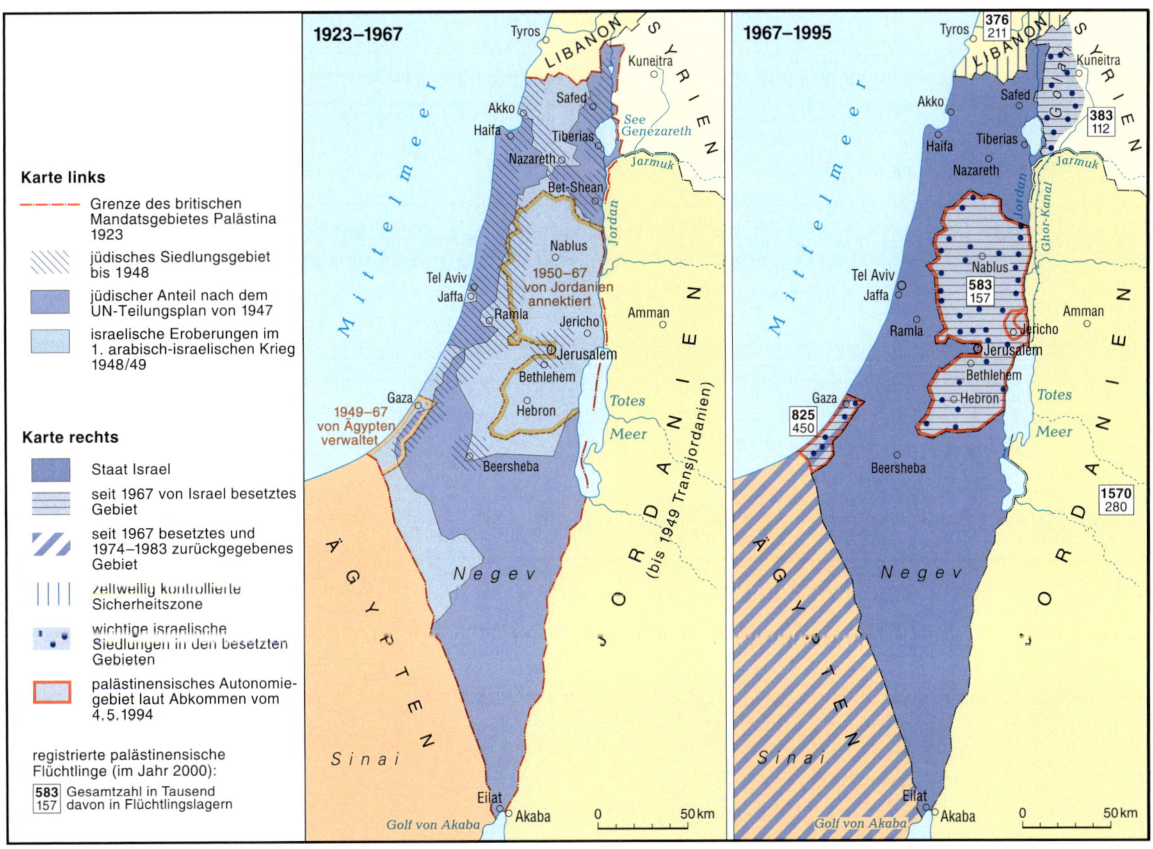

Palästina und Israel 1923–1995

Jitzhak Rabin (1922–1995), israelischer Ministerpräsident (1974–1977 und 1992–1994)
Foto, 1992.

tus Jerusalems). Trotzdem gab es auf beiden Seiten Gegner des Friedensplanes. Es kam zu Protesten und Anschlägen. Am 4. November 1995 wurde der israelische Ministerpräsident Jitzhak Rabin, ein entscheidender Träger des Ausgleichs mit den Palästinensern, auf einer Friedenskundgebung von einem jungen jüdischen Extremisten ermordet.

Die zweite Intifada und die Road Map

Unter den Nachfolgern Rabins stockte der Friedensprozess. Die israelische Regierung trieb erneut den Bau *jüdischer Siedlungen* auf palästinensischem Territorium voran, und der Abzug der israelischen Truppen wurde ausgesetzt, während der Terror der Gegenseite trotz der Bemühungen der neuen Palästinensischen Autonomiebehörde weiterging. Das israelische Militär reagierte auf die immer neuen Aufstände mit wachsender Gewaltanwendung. Auch wurde die wirtschaftliche Lage in den Palästinensergebieten immer schlechter. Das lag einerseits an den israelischen Maßnahmen, war aber andererseits selbst verschuldet. Große Teile der hohen Geldzahlungen, mit denen die internationale Gemeinschaft, zum Beispiel die EU, die Palästinensische Autonomiebehörde unterstützen wollte, flossen in Waffenkäufe und damit in die Finanzierung des antiisraelischen Terrors. Andere Summen wurden von der korrupten Autonomiebehörde und ihrem Präsidenten Arafat für eigene Belange abgezweigt. So kam tatsächlich nur wenig Geld der Bevölkerung zugute, für die es eigentlich bestimmt war. Die PLO und Arafat schoben aber die Verantwortung für die wirtschaftliche Lage allein Israel zu.
In diesem Klima konnten die vom amerikanischen Präsidenten angeregten Friedensgespräche nicht gelingen, und im September 2000 begann die zweite Intifada. Diese war sorgfältig geplant, und die Terroranschläge fanden viele Opfer. Die israelische Regierung antwortete mit massiven Gegenschlägen in den palästinensischen Siedlungsgebieten. Da Arafat für den Terror verantwortlich gemacht wurde, brach man den Kontakt zu ihm ab und stellte ihn praktisch unter Hausarrest. Zusätzlich errichtete man zahlreiche Kontrollpunkte in den Palästinensergebieten, und im Juni 2003 begann der Bau einer Sperranlage mit Mauer und bewachten Durchgängen an der Grenze zum Westjordanland.
Ende April 2003 starteten die UNO, die EU, die USA und Russland erneut einen Versuch, Frieden zu erreichen. Man übergab den Konfliktparteien einen ausgearbeiteten Friedensplan, *Road Map* genannt. Ziel sollte es sein, den israelisch-palästinensischen Konflikt zu beenden. Dafür war ein Zeitplan mit einer Stufenfolge von Maßnahmen niedergelegt. Die Durchführung scheiterte allerdings wieder an dem anhaltenden palästinensischen Terror und den entsprechenden israelischen Vergeltungsmaßnahmen. Zudem radikalisierte sich die Siedlerbewegung immer weiter und verweigerte sich gemeinsam mit den streng orthodoxen Juden einer politischen Lösung des Konflikts.

Die innerpalästinensischen Konflikte

Nach dem Tod Jassir Arafats im November 2004 konnten erneut Gespräche beginnen. Im folgenden Jahr wurde ein Waffenstillstand unterzeichnet, der die zweite Intifada offiziell beendete. Im Sommer 2005 verließen das israelische Militär und die jüdischen Siedler den Gazastreifen. Nun aber bekämpften sich die rivalisierenden palästinensischen Gruppen untereinander: *Fatah* als militärischer Arm der PLO, die radikalislamische *Hamas* und verschiedene Clans. Bei den Wahlen zum palästinensischen Parlament im Januar 2006 siegte die Hamas. Diese extremistische Organisation lehnte Friedensverträge mit Israel ab und bestritt wieder das Existenzrecht des Staates Israel. Deshalb brach die israelische Regierung den Kontakt ab und verhängte Sanktionen gegen die Palästinensergebiete, die auch von den USA und der EU unterstützt wurden. Die Gewalt zwischen den Anhängern von Fatah und Hamas eskalierte daraufhin weiter, während sich die Lage der Bevölkerung erneut verschlechterte. Schließlich zerfiel das Palästinensergebiet: Die Hamas beherrschte den *Gazastreifen*, während die PLO das *Westjordanland* kontrollierte. Auch dadurch wurden die Friedensgespräche weiter erschwert.

Israel im Kampf mit seinen Nachbarn

Seit seiner Gründung wurde der Staat Israel nicht nur durch die Palästinenser bekämpft, sondern es gab immer wieder Kriege mit den umliegenden arabischen Staaten. Schon am Tag nach der Unabhängigkeitserklärung begann der erste *arabisch-israelische Krieg*. Israel konnte sich jedoch gegen seine Gegner behaupten und gewann Gebiete hinzu, die eigentlich für den palästinensischen Staat vorgesehen waren. Doch auch Transjordanien (bald: Jordanien) und Ägypten gelangen Eroberungen. Dadurch wurde die Gründung eines Palästinenserstaates hinfällig: Die arabischen Staaten kämpften primär für ihre eigenen Ziele und weniger für die der Palästinenser. Auch gelang die Zusammenarbeit nur schlecht, ein gemeinsames Vorgehen der Armeen gab es nicht. 1956 wagte Israel, unterstützt von Frankreich und Großbritannien, die ihre eigenen Interessen verfolgten, einen Präventivschlag gegen Ägypten mit dem Ziel, dessen mächtigen und bei den arabischen Nationalisten angesehenen Präsidenten Nasser zu stürzen *(Suezkrise)*. Militärisch gesehen war die Aktion zunächst ein Erfolg, aber durch eine diplomatische Intervention der USA und der UNO wendete sich das Blatt. Großbritannien und Frankreich mussten sich zurückziehen, und Nassers Position wurde gestärkt. Die Sowjetunion begann nun mit einer militärischen und wirtschaftlichen Unterstützung Ägyptens, während sich die USA als Vertreter westlicher Interessen in der Region sah und im Gegenzug Israel stärkte. Der Nahe Osten wurde zu einem Nebenkriegsschauplatz im Kalten Krieg.
In den Jahren nach der Suezkrise rüsteten beide Seiten auf, mit tatkräftiger Unterstützung durch die USA für Israel und die Sowjetunion für die arabischen Staaten. Jede der beiden Supermächte fürchtete um ihren Einfluss in der Region, sollte sich das Gewicht zugunsten der jeweils anderen Seite verschieben. Ab 1966 betrieben Ägypten und Syrien, ermuntert durch Moskau, gemeinsam eine zunehmend aggressive Politik gegenüber Israel. Als sich die Grenzkonflikte häuften, ging Israel erneut in die Offensive. In nur wenigen Tagen konnte es den *Sechstagekrieg* (5.–10. Juni 1967) für sich entscheiden und große Gebietsgewinne verzeichnen. Nach Kriegsende weigerte sich Israel, seine Truppen aus den besetzten Gebieten zurückzuziehen. Diese wurden als Pfand gesehen, mit dem man Frieden und die Anerkennung durch die arabischen Nachbarn erzwingen wollte. Diese reagierten darauf mit der sogenannten Khartum-Resolution. Acht arabische Staaten verabredeten sich darin, ihre gegenseitigen Konflikte zu lösen und gemeinsam Jordanien und Ägypten zu unterstützen. Gegenüber Israel legte man sich auf die „three NOs" fest: „NO peace with Israel – NO recognition of Israel – NO negotiations with Israel". Für Israel sollte es keinen Frieden, keine Anerkennung und keine Verhandlungen geben. Die palästinensischen Untergrundorganisationen verstärkten parallel ihre Guerillatätigkeiten, wobei sie vom Territorium der arabischen Nachbarstaaten aus agierten.

Der Ausgleich mit Ägypten

Der Nachfolger Nassers, Anwar as-Sadat, versuchte zunächst auf friedlichem Weg, die im Sechstagekrieg verlorenen Gebiete, vor allem auf der Sinaihalbinsel, zurückzugewinnen. Da Israel ablehnte, ging Sadat einen anderen Weg. Am 6. Oktober 1973, dem jüdischen Versöhnungsfest („Yom Kippur"), begann der sogenannte *Yom-Kippur-Krieg* durch einen ägyptisch-syrischen Überraschungsangriff. Nach anfänglichen schweren Niederlagen gelang es der israelischen Armee schließlich, die Angreifer zurückzuschlagen. Durch die Intervention der USA und der Sowjetunion im UN-Sicherheitsrat wurde ein schneller Waffenstillstand erreicht. Durch den Yom-Kippur-Krieg war den Israelis klar geworden, wie verwundbar ihr Land war. Auch machte sich bemerkbar, wie die ständig notwendige Verteidigungsbereit-

schaft und deren Kosten das Land belasteten. Deshalb sah man sich zu Friedensgesprächen bereit. Auch die politische Weltlage hatte sich mittlerweile entspannt. Die USA und die Sowjetunion hatten Verträge zur Rüstungsbegrenzung unterzeichnet. Ein weiterer Schritt war 1973 die erste Konferenz für Sicherheit und Zusammenarbeit in Europa, die zwei Jahre später zur Schlussakte von Helsinki führte.
So unternahm der neu gewählte US-Präsident Carter die Aufgabe, zwischen Israel und Ägypten zu vermitteln. Er lud die Regierungschefs beider Staaten, Sadat und Begin, im September 1978 nach Camp David ein. Dort einigten sich beide Seiten nach zähen Verhandlungen, die mehr als einmal zu scheitern drohten, auf Rahmenbedingungen für einen Frieden zwischen ihren Ländern. Am 26. März 1979 wurde der Vertrag unterzeichnet. Sadat und Begin erhielten dafür 1978 den Friedensnobelpreis. Ein Ergebnis des Vertrages war die Rückgabe der Gebiete am Sinai an Ägypten (1982). Israel handelte hier nach dem Prinzip „Land gegen Frieden". Wegen des Friedensschlusses mit Israel wurde Ägypten aus der 1945 gegründeten Arabischen Liga ausgeschlossen, Präsident Sadat von Islamisten ermordet.

Die Palästinenser als Problem für Jordanien

Der jordanische König Hussein galt vielen Palästinensern als Gegner. Sein Großvater hatte im Krieg 1948 das *Westjordanland* erobert und annektiert. Hussein selbst nahm an den arabisch-israelischen Kriegen eher widerwillig teil, wollte aber die zahlreichen, in seinem Land lebenden palästinensischen Flüchtlinge nicht provozieren. Die PLO hatte in Jordanien großen Einfluss und plante eine Machtübernahme. Als die PLO und ihre Kampfgruppe Al-Fatah von jordanischem Gebiet aus Anschläge auf Israel unternahmen, wollte der König das nicht dulden. Die PLO-Milizen gingen zum offenen Aufstand über und unternahmen ein erfolgloses Attentat auf den König. Dieser setzte seine Armee ein und ließ dabei auch palästinensische Flüchtlingslager bombardieren, in denen sich Kämpfer versteckt hielten. Es folgten bürgerkriegsähnliche Auseinandersetzungen, aus denen Hussein und seine Armee siegreich hervorgingen. Die arabischen Staaten (mit Ausnahme Syriens) hatten sich neutral verhalten und die PLO nicht unterstützt. Deren Anhänger wurden aus Jordanien vertreiben. Mit Rücksicht auf die Palästinenser in seinem Land erkannte der König 1974 die PLO als Vertretung der Palästinenser an und verzichtete 1988 zu ihren Gunsten auf alle jordanischen Ansprüche auf das Westjordanland. Aber auch mit Israel kam ein Friedensvertrag zustande (1994).

Die Unruheherd Libanon

Auch im Libanon gab es palästinensische Flüchtlingslager, in denen sich Aktivisten der PLO versteckten. Nach der Vertreibung aus Jordanien unternahmen sie vom Südlibanon aus vermehrt Angriffe auf Israel. Die Israelis griffen mehrmals im Südlibanon ein, um die PLO-Führung und ihre Kämpfer dort auszuschalten. Als Reaktion auf die Angriffe entstand im Libanon die islamistische Organisation *Hisbollah*, die vom Iran unterstützt wurde und nun ihrerseits Anschläge auf Israel unternahm. Die Lage im Libanon ist bis heute instabil, auch die Entsendung von UN-Blauhelmen konnte keine echte Abhilfe schaffen. Israels Ansehen hatte durch seine letztlich erfolglosen Militäraktionen innen- und außenpolitisch Schaden genommen.

Klausuraufgabe

Skizzieren Sie – auch mithilfe der Karten auf S. 89 – die Geschichte der palästinensischen Gebiete im Nahostkonflikt seit 1948.

4.2 Die USA – von den rebellischen Kolonien zur globalen Supermacht

Wichtige Daten zur Orientierung

1756–1763	Siebenjähriger Krieg in Europa, in Nordamerika French and Indian War (1754–1762)
1776	Amerikanische Unabhängigkeitserklärung (4. Juli)
1861–1865	Amerikanischer Bürgerkrieg
1914–1918	Erster Weltkrieg
1917	Kriegseintritt der USA
1929	Beginn der Weltwirtschaftskrise
1939–1945	Zweiter Weltkrieg
1941	japanischer Angriff auf Pearl Harbor (8. Dezember)
1944	Landung der alliierten Truppen in der Normandie (6. Juni)
1945	Kapitulation der deutschen Truppen (8./9. Mai) Konferenz von Potsdam (17. Juli – 2. August)
1945–1990	Kalter Krieg

Grundbegriffe aus der Mittelstufe

Imperialismus: Imperialismus nennt man die Errichtung von direkter oder indirekter Herrschaft über ein anderes Land, oft mit gewaltsamen Mitteln. Machtstreben, religiöses oder kulturelles Sendungsbewusstsein, wirtschaftliche und innenpolitische Gründe veranlassten die Industriestaaten vor allem im Zeitraum von 1870 bis 1918, in Asien und Afrika Kolonialreiche zu errichten. Im Wettstreit um diese Gebiete kam es zu zahlreichen Konflikten und Kriegen, die im Ersten Weltkrieg ihren Höhepunkt erreichten.

Kalter Krieg: Von einem amerikanischen Journalisten 1947 geprägter Begriff für den Ost-West-Konflikt. Beide Supermächte wollten angesichts der Möglichkeit einer gegenseitigen atomaren Vernichtung einen „heißen" Krieg vermeiden, aber gleichzeitig doch ihre Machtstellung behaupten und ausbauen. Eingebunden in die feindlichen Militärbündnisse NATO und Warschauer Pakt bekämpften sich die beiden Weltmächte in Stellvertreterkriegen durch Spionage, Propaganda, wirtschaftlichen und politischen Druck.

NATO: siehe S. 45

Basiswissen der Oberstufe

Die Entdeckung und Inbesitznahme Amerikas

Im Zeitalter der Entdeckungen begannen die Europäer, die Welt außerhalb ihres Kontinents zu erkunden. So kam es im Auftrag der spanischen Krone 1492 durch Christoph Kolumbus zur Entdeckung der „Neuen Welt", die um 1507 erstmals als „Amerika" bezeichnet wurde. Da Portugal ebenfalls Anspruch auf die neu entdeckten Gebiete erhob, teilte der Papst als Schiedsrichter 1494 im Vertrag von Tordesillas die Einflusssphären auf. Auch Frankreich unternahm Expeditionsfahrten nach Südamerika, verlagerte aber seine Interessen bald nach Norden (ins heutige Kanada). England – mit inneren Angelegenheiten beschäftigt – interessierte sich zunächst nur für eine Erkundung der Nordwestpassage. Unter Elisabeth I. wurden dann neue Gebiete in Besitz genommen. Damit war nach ungefähr einem halben Jahrhundert festgelegt, dass sich Spanien und Portugal Mittel- und Südamerika teilen sollten, während Nordamerika von Frankreich und England beansprucht wurde. Schließlich gelang es den Engländern, ihren Machtanspruch im Gebiet der Ostküste der heutigen USA durchzusetzen. Ab dem frühen 17. Jahrhundert wurden Siedlungskolonien gegründet, vor allem durch Handelsgesellschaften, selten von der Krone. Teilweise wurden Kolonien mit Privilegien und Freibriefen ausgestattet und besaßen so gewisse Freiheitsrechte gegenüber dem Mutterland.

Die Gesellschaft in den Kolonien

Die Siedler pflegten ein reges Gemeindeleben, und es entstanden lokale Selbstverwaltungen, an denen die Bevölkerung beteiligt war. Die „assemblies" (gewählte Versammlungen) sollten eigentlich nur repräsentative Funktionen haben, erreichten aber politische Macht und vor allem die Kontrolle über die Steuern. Außerdem betonten die Siedler, viele von ihnen Angehörige der *Puritaner*, einer in England verfolgten kirchlichen Reformbewegung, immer wieder ihre Unabhängigkeit in religiösen und politischen Fragen. Schon die Angehörigen einer ersten Gruppe der Puritaner, die 1620 mit der „Mayflower" den Atlantik überquerten, unterzeichneten noch auf dem Schiff einen Vertrag, in dem sie ihre Absicht bekräftigten, eine eigene bürgerliche Regierung zu gründen. Diese sollte zwar dem englischen König gegenüber loyal sein, aber auch auf gerechten und gleichen Gesetzen basieren und dem Gemeinwohl der Kolonie dienen. Viele Kolonisten verfügten außerdem über einen höheren Bildungsgrad und vertraten die Ideen der *Aufklärung*. Deshalb waren die Bewohner der Kolonien auch politisch aktiver als die Europäer. So entstand in den Kolonien eine Gesellschaft, deren Mitglieder schon früh eine zu starke Bevormundung durch das Mutterland ablehnten und sich über das Gefühl von persönlicher Freiheit und Autonomie definierten. Bis zur Mitte des 18. Jahrhunderts entwickelte sich in allen Kolonien eine Selbstregierung der Siedler. Während bei den Menschen in Europa die Zugehörigkeit zu einem der drei Stände für ihr Identitätsgefühl wichtig war, stand für die weißen Einwanderer vielmehr die Abgrenzung von den ethnisch anderen Gruppen, das heißt von den Indianern und schwarzen Sklaven, im Vordergrund.

Der Konflikt mit dem Mutterland

In der ersten Hälfte des 18. Jahrhunderts war das Interesse des britischen Mutterlandes an den Kolonien eher gering. Das änderte sich durch den *Siebenjährigen Krieg* (1756–1763), in den alle europäischen Großmächte verwickelt waren. Die Kämpfe zwischen Großbritannien und Frankreich wurden teilweise auch in den Kolonien ausgetragen (1754–1762). Beide Seiten bedienten sich dabei der Unterstützung durch Indianerstämme. Im Verlauf des Krieges verlor Frankreich die meisten seiner nordamerikanischen Besitzungen an die Briten. Die englische Krone versuchte nun, das Kolonialreich besser zu organisieren und zu kontrollieren sowie einen Teil der Kriegsschulden über neue Steuern und Zölle zu finanzieren. Dagegen regten sich Proteste in den Kolonien. Besonders die Stempelsteuer (Steuer auf alle Druckerzeugnisse) von 1765 und die Stationierungspflicht für britisches Militär wurden als ungerecht empfunden. Die Vertreter von neun Kolonien lehnten die Zahlung der Steuer geschlossen ab. Sie begründeten dies damit, dass sie keine Repräsentanten im britischen Parlament hätten und somit nicht über die Steuern abstimmen könnten („no taxation without representation"). Als die Briten versuchten, ihre Forderungen trotzdem durchzusetzen, wuchs der Widerstand, und es kam zu ersten gewaltsamen Auseinandersetzungen (Boston Tea Party, Boston Massacre).

Der Unabhängigkeitskrieg

1774 trafen sich in Philadelphia Delegierte von 12 Kolonien zum ersten Kontinentalkongress. Die teilweise zerstrittenen Kolonien einigten sich auf ein gemeinsames Vorgehen. Sie erklärten alle seit 1763 vom Mutterland erlassene Steuergesetzte für verfassungswidrig und damit für ungültig. Außerdem betonten sie die Autonomie der Kolonien. Krone und britisches Parlament werteten dies als offene Rebellion. So kam es im Frühjahr 1775 zum ersten bewaffneten Konflikt zwischen britischen Truppen und Siedlermilizen, der sich zum *Unabhängigkeitskrieg* ausweitete. Für die Kolonisten war es gleichzeitig ein Bürgerkrieg zwischen loyalen Anhängern Großbritanniens und den nach Unabhängigkeit Strebenden. In den Krieg mischten sich auch Frankreich, Spanien und die Niederlande ein. Deren Hilfe gab schließlich den Ausschlag, denn ohne diese hätten die ungenügend ausgerüsteten und schlecht organisierten Rebellen wohl kaum eine Chance gegen die erfahrenen britischen Regimenter gehabt. So musste Großbritannien im Frieden von Paris (1783) die Unabhängigkeit der 13 Kolonien anerkennen. Träger der „Revolution" waren vor allem Angehörige der intellektuellen und finanziellen Elite.

Die Gründung der Vereinigten Staaten

Schon im zweiten Kriegsjahr hatte der Kontinentalkongress die Unabhängigkeit der Kolonien vom Mutterland proklamiert und die *Unabhängigkeitserklärung* anerkannt (4. Juli 1776; Hauptverfasser Thomas Jefferson). Darin wurden – begründet mit dem Naturrecht – die Gleichheit der Menschen sowie ihre unveräußerlichen Rechte (Leben, Freiheit, Streben nach Glück) erklärt. Außerdem forderte die Unabhängigkeitserklärung eine Regierung, die auf der Zustimmung der Regierten, somit also auf dem Prinzip der *Volkssouveränität* basierte. Eine Vorlage war der kurz vorher in Virginia verabschiedete Grundrechtekatalog (Virginia Bill of Rights), der später auch in der Formulierung der US-Verfassung und der Menschenrechtserklärung der *Französischen Revolution* weiterwirkte.

Die Erstellung einer Verfassung

Um die nach dem Ende des Unabhängigkeitskriegs ziemlich desolate Lage zu verbessern und eine nennenswerte Zentralgewalt für die ehemaligen Kolonien zu schaffen, trat 1787 ein Verfassungskonvent zusammen. Dieser erstellte eine Verfassung für den Staatenbund, die auf den Prinzipien der *Gewaltenteilung* und der *Volkssouveränität* basierte. Bis 1791 wurden durch Zusätze noch die *Menschenrechte* verankert *(Bill of Rights)*. Obwohl um viele Elemente der Verfassung im Konvent hart gekämpft wurde, war am Ende die staatliche Gestalt der USA so weit gefestigt, dass der Zustrom von Einwanderern bewältigt werden konnte.

Die Ausbreitung über den Kontinent

In den folgenden Jahrzehnten kam es zu einer raschen Ausbreitung der USA über den ganzen Kontinent. Teilweise wurden Gebiete von europäischen Mächten gekauft und Grenzregionen erobert. Der weitaus größte Teil der neuen Territorien wurde aber durch die Verdrängung der

Ureinwohner, der Indianer, gewonnen. Diese wurden in unfruchtbare Reservate abgedrängt, durch Kriege und Krankheiten dezimiert. Rechte, für die die weißen Amerikaner gegen Großbritannien gekämpft hatten, wurden ihnen verweigert. Bei den Siedlern an der Grenze zur Wildnis bildete sich aber ein spezielles Lebensgefühl heraus. Dieses umfasste den Stolz auf die eigene Arbeit und den Lebensunterhalt, den man der oft feindlichen Natur abrang. Man sah die Besiedlung und Zivilisierung des Westens als besondere Aufgabe an, die den Amerikanern als Vorkämpfern der Freiheit und Demokratie vom Schicksal bestimmt sei. Für diese Vorstellung wurde der Begriff „Manifest Destiny" (offenkundige Bestimmung) geprägt. Die Inbesitznahme des Kontinents bis zum Pazifik wurde 1890 offiziell für abgeschlossen erklärt.

Der Bürgerkrieg

Die Ausbreitung über den Kontinent überdeckte zunächst das größte innere Problem der USA: die ungelöste Sklavenfrage. Hierbei ging es nicht nur darum, ob für die schwarzen Sklaven die Menschenrechte gelten sollten, sondern vor allem um die wirtschaftliche und gesellschaftliche Kluft zwischen dem Norden und dem Süden der USA. Schließlich führte die Wahl Abraham Lincolns zum Präsidenten zum Austritt mehrerer Südstaaten aus der Union. Damit wurde der Konflikt zur Verfassungsfrage, und ein blutiger, mehrere Jahre dauernder *Bürgerkrieg* entbrannte (1861–1865), an dessen Ende der Süden weitgehend zerstört war. Immerhin war 1865 die Sklaverei im gesamten Gebiet der USA abgeschafft (13. Zusatzartikel zur Verfassung der USA) und damit der grundlegende Konfliktpunkt ausgeräumt worden.

Die Monroe-Doktrin

James Monroe (1758–1831), US-amerikanischer Präsident (1817–1825)
Gemälde von Chester Harding, 1825.

In den ersten Jahren nach der Gründung der USA war die Politik des Landes sehr auf sich selbst konzentriert. Es galt, den Staat nach innen zu konsolidieren und eine eigene, vom ehemaligen Mutterland unabhängige Wirtschaft aufzubauen. Große Energien flossen in die Besiedlung des Westens. Als sich das spanische Kolonialreich in Süd- und Mittelamerika aufzulösen begann und Spanien eine Rückeroberung versuchte, formulierte der damalige US-Präsident James Monroe bei seiner Jahresbotschaft an den Kongress die fortan gültigen außenpolitischen Grundregeln der USA. Diese sind als *„Monroe-Doktrin"* bekannt. Monroe lehnte eine Einflussnahme der europäischen Staaten in der westlichen Hemisphäre als direkten Angriff auf die nationale Sicherheit der USA ab. Dafür wollte sich die USA aus den Angelegenheiten der europäischen Staaten heraushalten. Obwohl die Europäer darauf zunächst wenig Reaktion zeigten, sahen die USA nun Mittel- und Südamerika als eigene Einflusssphäre an. Schienen die eigenen Interessen in Gefahr, war man schnell zu einem militärischen Eingreifen in den politisch sehr instabilen Staaten dieser Region bereit, zumal Präsident Theodore Roosevelt 1904 die Monroe-Doktrin erweiterte und das alleinige Recht der USA bekräftigte, in Mittel- und Südamerika „für Ordnung zu sorgen" und gegebenenfalls die Rolle einer internationalen Polizei zu spielen (Big Stick policy).

Die Errichtung eines Kolonialreiches

In den Jahrzehnten nach dem Bürgerkrieg entwickelte sich die USA zur wirtschaftlichen Großmacht. Die Infrastruktur wurde verbessert, bahnbrechende Erfindungen wurden gemacht, und durch den massiven Einsatz von Kapital und Arbeitskräften wurden die USA zu einer Industriemacht. Zur gleichen Zeit begannen die europäischen Staaten verstärkt damit, sich in Asien und Afrika Kolonialreiche aufzubauen (**Imperialismus**). Die Gründe waren vielfältig: Streben nach Großmachtpolitik, Suche nach Absatzmärkten und Rohstoffen, aber auch das Sendungsbewusstsein, den unterlegenen Völkern die Zivilisation bringen zu wollen. Auch versuchten die Großmächte, durch außenpolitische Erfolge beim Erwerb von Kolonien von sozialen Problemen im Inneren ablenken. All diese Wünsche hatten auch

die USA mit den Europäern gemeinsam. Die Vorstellung des Manifest Destiny wurde auf die ganze Welt übertragen, die USA wollten Fortschritt, Frieden und Zivilisation verbreiten. Meist waren damit aber auch starke wirtschaftliche und politische Machtinteressen verbunden.
So begann man ebenfalls mit dem Erwerb neuer Territorien. 1867 kamen die Midway-Inseln und Alaska hinzu, 1875 wurde Hawaii als Schutzgebiet angenommen. Durch den raschen Sieg im Krieg gegen Spanien (1898) übernahmen die USA die spanischen Kolonien Puerto Rico, Guam und die Philippinen. Kuba wurde unabhängig, wobei sich die USA ein Interventionsrecht einräumen ließ und einen Flottenstützpunkt (Guantanamo-Bay) erwarb.

Der Beginn der weltpolitischen Ambitionen

Zu Beginn des 20. Jahrhunderts gelang es den USA, ihre Interessen noch stärker durchzusetzen, etwa in China, wo schon die europäischen Mächte weite Gebiete unter ihrer Kontrolle hatten. Gemäß den Forderungen des amerikanischen Außenministers John Hay galt für China eine „Politik der offenen Tür", die allen imperialistischen Staaten freien Handel mit China gestattete. Die USA hatten an einer direkten Herrschaft in Asien kein Interesse, sondern verlegten sich auf eine wirtschaftliche Durchdringung der Region durch Investitionen. So konnte man ohne militärische Auseinandersetzungen und den Aufbau einer teuren Kolonialverwaltung politisch Einfluss nehmen („Dollar-Imperialismus"). Neben der unangefochtenen Vormachtstellung in Mittel- und Südamerika und dem wirtschaftlichen Ausgreifen nach Asien machte man zum Beispiel durch die Vermittlung im russisch-japanischen Krieg auch gegenüber den Europäern deutlich, dass man eine aktive Rolle in der Weltpolitik spielen wollte.

Die Beteiligung am Ersten Weltkrieg

Trotzdem zeigten die USA zunächst kein Interesse an einem Eingreifen in den Ersten Weltkrieg und erklärten sich für neutral. Trotzdem unterstützte man Großbritannien durch Rüstungsexporte und die großzügige Gewährung von Anleihen. Hier spielte die „ideologische" Nähe zu den demokratisch organisierten Staaten Frankreich und Großbritannien eine Rolle. Als im Rahmen des U-Bootkrieges der Dampfer „Lusitania" versenkt wurde und amerikanische Zivilisten starben, drohten die USA erstmals mit Krieg. 1917 nahm die deutsche Regierung den vorübergehend eingestellten U-Bootkrieg wieder auf und machte zudem noch ein Bündnisangebot an Mexiko (Zimmermann-Depesche). Da außerdem klar war, dass die Kredite an die Entente-Staaten nur im Falle eines Sieges von diesen zurückbezahlt werden könnten, erklärten die USA Deutschland und Österreich-Ungarn den Krieg. Die amerikanische Propaganda kennzeichnete dies als „Kreuzzug für Freiheit und Demokratie". Die finanzielle, moralische und militärische Unterstützung für die Entente brachten dieser schließlich den Sieg über die Mittelmächte.

Die Selbstisolation der USA

In seinen *„Vierzehn Punkten"* veröffentlichte Präsident Woodrow Wilson seine Vorstellungen von einer auf Demokratie basierenden, allgemeinen Friedensordnung für die Nachkriegszeit. Die Eigeninteressen und Ängste der europäischen Siegermächte verhinderten jedoch den Abschluss eines milden Friedens. Außerdem verweigerte der US Kongress die Mitunterzeichnung der Friedensverträge durch die USA. Auch dem von Wilson initiierten Völkerbund traten die USA nicht bei, was diese internationale Organisation sehr schwächte. Die amerikanische Bevölkerung wollte wieder zum „Normalzustand" zurückkehren und nicht mehr in die Konflikte anderer Staaten verwickelt werden. Die Mehrheit im Kongress folgte diesen Forderungen. Man konzentrierte sich wieder auf die eigene Hemisphäre und verschanzte sich im Schutz einer starken Flotte vor den Problemen der restlichen Welt.

So verzichteten die USA freiwillig auf ihre durch die Beteiligung am Weltkrieg erlangte starke Stellung in der Weltpolitik.
Die Rückzahlung der Kriegskredite durch die Entente-Staaten verschaffte der amerikanischen Wirtschaft einen Boom, zumal der politische Rückzug nicht für den Außenhandel galt. In diesem Feld blieben die USA Europa stark verbunden. Der Lebensstandard der Menschen in den Vereinigten Staaten stieg. Trotzdem wurden hohe Schutzzölle erhoben und die Einwanderung von Immigranten aus anderen Weltteilen durch eine Quotenregelung beschränkt. Parallel dazu stieg die Fremdenfeindlichkeit in der Bevölkerung an. Diese Tendenzen wurden durch das Einsetzen der *Weltwirtschaftskrise* 1929 noch verstärkt.

Die USA in den 1930er-Jahren
Die Wirtschaftskrise wurde durch eine aufgeblähte Konsumgüterproduktion und den daraus resultierenden Börsenkrach in den USA verursacht, betraf aber durch den Rückzug der amerikanischen Kredite auch Europa. Die von der US-Regierung unternommenen Konsolidierungsmaßnahmen, zum Beispiel das *New Deal* genannte Wirtschafts- und Sozialprogramm, griffen nur langsam. Mitte der 1930er-Jahre wurden auf Veranlassung der Isolationisten, der Vertreter der Isolationspolitik im Kongress, neue Neutralitätsgesetze erlassen, die die außenpolitische Handlungsfreiheit des Präsidenten einschränkten. Um Präsident Franklin D. Roosevelt scharten sich hingegen die Politiker, die eine Beteiligung an der internationalen Politik befürworteten. Ihrer Meinung nach musste der japanischen Expansion in Asien, der aggressiven Außenpolitik Hitlers und dem drohenden Krieg in Europa Einhalt geboten werden. Immerhin gelang es Roosevelt, ein Öl- und Handelsembargo gegen Japan durchzusetzen. Auch wurde die allgemeine Wehrpflicht eingeführt, und der Präsident bemühte sich, das Volk auf einen Kriegseintritt vorzubereiten.

Der Zweite Weltkrieg
Durch das stark umkämpfte *„Leih-Pacht-Gesetz"* war es ab März 1941 möglich, Großbritannien und einige Monate später auch die Sowjetunion mit Waffen- und Warenlieferungen zu unterstützen. Außerdem unterstützte die US-Flotte die britische Marine bei der Sicherung des Atlantiks gegen die deutschen U-Boot-Angriffe. Erst der japanische Angriff auf den US-Flotten-Stützpunkt *Pearl Harbor* auf Hawaii (7. Dezember 1941) veränderte die Stimmung in der amerikanischen Bevölkerung. Nun wurde die Kriegserklärung gegen Japan von einer breiten Mehrheit getragen. Als Deutschland – als Verbündeter Japans – seinerseits den USA den Krieg erklärte, stieg der Wehrwille weiter. Auf dem asiatischen Kriegsschauplatz wurde zunächst nur eine hinhaltende Taktik durchgeführt, da nach dem Motto „Germany first" mit der Landung in der Normandie zunächst eine zweite Front in Europa errichtet werden sollte. Das massive Eingreifen der USA in den Krieg besiegelte die Niederlage Deutschlands. Um den Zweiten Weltkrieg auch in Asien siegreich und schnell zu beenden, wurden im August 1945 zwei *Atombomben* auf die Städte Hiroshima und Nagasaki abgeworfen.

Die Errichtung einer Nachkriegsordnung
Noch vor dem Kriegseintritt der USA hatte sich Präsident Roosevelt auf einem Schlachtschiff im Atlantik mit dem britischen Premierminister Winston Churchill getroffen. Dabei hatten sie nicht nur ihr weiteres gemeinsames Vorgehen besprochen, sondern auch die sogenannte *Atlantik-Charta* verabschiedet, die das Programm für eine friedliche Weltordnung enthielt. Dieses Dokument wurde auch zur gedanklichen Basis für die Charta der UNO. Doch auch dieses Mal konnte der Vorschlag eines US-Präsidenten nicht die Grundlage für eine Nachkriegsordnung werden. Die *Konferenz von Potsdam*, bei der die Siegermächte USA, Großbritannien und die Sowjetunion über das Schicksal Deutschlands berieten, stand schon unter

den Vorzeichen des Konfliktes zwischen Ost und West. Trotz der Bestätigung der auf früheren Konferenzen vorbesprochenen Regelungen zur Behandlung des besetzten Deutschlands kam man nicht zu echten Einigungen, sondern beschränkte sich auf Formelkompromisse und provisorische Vereinbarungen. Deutschland sollte zwar als Einheit behandelt werden, wurde aber trotzdem in vier Besatzungszonen (eine davon auch für Frankreich) unterteilt, in denen die Alliierten sehr bald ihre eigenen Vorstellungen verwirklichten.

Das weltpolitische Engagement der USA

Nach dem Zweiten Weltkrieg zogen sich die USA nicht wieder aus der internationalen Politik zurück. Als eigentlicher Sieger im Krieg hatten sie den Rang einer Supermacht erreicht, die wirtschaftlich (US-Dollar als Leitwährung) und militärisch *(Atombombe)* den anderen Staaten weit überlegen war. Einzig die Sowjetunion besaß ein ähnliches Potenzial, war aber durch den Krieg im eigenen Land noch geschwächt. Schon sehr bald nach dem Sieg über den gemeinsamen Kriegsgegner Deutschland traten die ideologischen und politischen Unterschiede zwischen der Sowjetunion und den Westmächten offen zutage. Winston Churchill sprach bereits 1945 vom *„Eisernen Vorhang"*, der politischen und ideologischen Trennungslinie zwischen West und Ost, die Europa in der Mitte teile.
Die Sowjetunion unter der Führung Stalins hatte schon vor Kriegsende damit begonnen, in den im Kriegsverlauf eroberten Gebieten das Sowjetsystem einzuführen. Das widersprach dem Demokratieverständnis der USA und ihrer Verbündeten, wollten sie doch, dass die osteuropäischen Staaten frei über ihr politisches und wirtschaftliches System entscheiden sollten. Die USA und Großbritannien sahen das Vorgehen der Sowjetunion als den Versuch an, den Kommunismus auf der ganzen Welt zu verbreiten. Stalin seinerseits betrachtete die Abwehrversuche des Westens als kapitalistisches Expansionsstreben.

Die Containment-Politik

Harry S. Truman (1884–1972), US-amerikanischer Präsident (1945–1953)
Foto, 1945.

Nun sahen sich die USA in der Rolle der Führungsmacht des Westens und damit in der Verantwortung, Stalin Einhalt zu gebieten. Ziel des neuen, *Containment-Politik* (Eindämmungspolitik) genannten Kurses war es, eine weitere kommunistische Expansion und die Ausbreitung des Kommunismus zu verhindern. Nach einer Direktive des US-Präsidenten Harry S. Truman (später als Truman-Doktrin bezeichnet) sollten alle Länder, die von außen oder von innen durch den Kommunismus bedroht waren, von den USA militärische und wirtschaftliche Hilfe erhalten. Nach Trumans Ansicht müssten sich alle Staaten entscheiden, ob sie in einer freiheitlichen Demokratie oder einem von Terror und Unterdrückung geprägten Staat leben wollten. So war es auch konsequent, dass die USA an der Seite anderer Mächte im Auftrag der UNO die südkoreanischen Truppen im *Koreakrieg* (1950–1953) unterstützten und dabei die Mehrheit der Soldaten und des Kriegsgerätes stellten. Die Truppen des kommunistischen Nordkorea hatten mit der Hilfe Chinas Südkorea angegriffen. Da weder China noch die Sowjetunion sich offiziell am Krieg beteiligten und auch die USA im Rahmen eines UN-Mandates kämpfte, besitzt dieser sehr verlustreiche und zerstörerische Krieg den Charakter eines *Stellvertreterkrieges*.
Eine andere Maßnahme der USA im „Abwehrkampf" gegen den Kommunismus war der nach ihrem Erfinder, dem amerikanischen Außenminister George Marshall benannte *„Marshall-Plan"*. Mit diesem boten die USA vor allem den europäischen Staaten großzügige finanzielle und wirtschaftliche Unterstützung beim Wiederaufbau an. Damit sollte verhindert werden, dass eine Not leidende Bevölkerung der Propaganda der Kommunisten Glauben schenken und zum Kommunismus umschwenken könnte.

Die Formierung der Blöcke im Kalten Krieg

Die Sowjetunion reagierte auf die amerikanische Politik mit der Gründung des Kommunistischen Informationsbüros, durch das die Arbeit der kommunistischen Parteien in allen Staaten koordiniert und vereinheitlicht werden sollte. Auch aus ihrer Sicht gab es nun *zwei Lager* in der Welt: das friedliebende, demokratische und antiimperialistische Lager des Ostens und das aggressive, demokratiefeindliche und imperialistische Lager des Westens. Der Ost-West-Konflikt beherrschte von nun an als **Kalter Krieg** die internationale Politik für mehrere Jahrzehnte. Beide Seiten versuchten, ihre Position zu verstärken, indem sie ihre Verbündeten enger an sich banden und abwehrbereit blieben. Dem diente die Gründung der beiden Militärbündnisse der *NATO* und des *Warschauer Paktes*. Für einige Zeit verschärfte die US-Regierung noch ihre Politik. Unter dem Motto „Roll back" wollte man sogar den sowjetischen Einflussbereich zurückdrängen. Doch im Verlauf der massiven Aufrüstung in beiden Lagern entwickelte die Sowjetunion ebenfalls *Atombomben* und brachte damit den waffentechnischen „Vorsprung" der USA zum Schwinden. Beide Seiten bauten ein gigantisches militärisches Potenzial auf, es herrschte ein *„Gleichgewicht des Schreckens"*.

Dies führte sowohl in den USA als auch in der Sowjetunion zu einem vorübergehenden Wechsel der außenpolitischen Taktik. Für einige Jahre ging man auf einen Vorschlag des neuen sowjetischen Staatschefs Chruschtschow ein. Dieser hatte nach einer Phase aggressiver Außenpolitik vorgeschlagen, in „friedlicher Koexistenz" mit dem Gegner zu leben. Zu diesem Zeitpunkt war das Verhältnis der Sowjetunion zum kommunistischen „Konkurrenten" China sehr prekär. Andererseits zeigten die Reaktionen der USA und ihrer westlichen Verbündeten auf die sowjetische Politik im Ostblock, zum Beispiel die Unterdrückung der Aufstände in der DDR (1953) und Ungarn (1956) sowie des „Prager Frühlings" (1968) oder den Bau der Berliner Mauer (1961), dass man bereit war, die Grenze des „Eisernen Vorhangs" zu respektieren und den bis 1945 geschaffenen Status quo in Europa zu akzeptieren. Trotzdem bekämpfte man sich mit allen Mitteln, außer einer direkten militärischen Auseinandersetzung, zum Beispiel durch die Unterstützung von Verbündeten in Afrika und Asien, die dann *„Stellvertreterkriege"* gegeneinander führten.

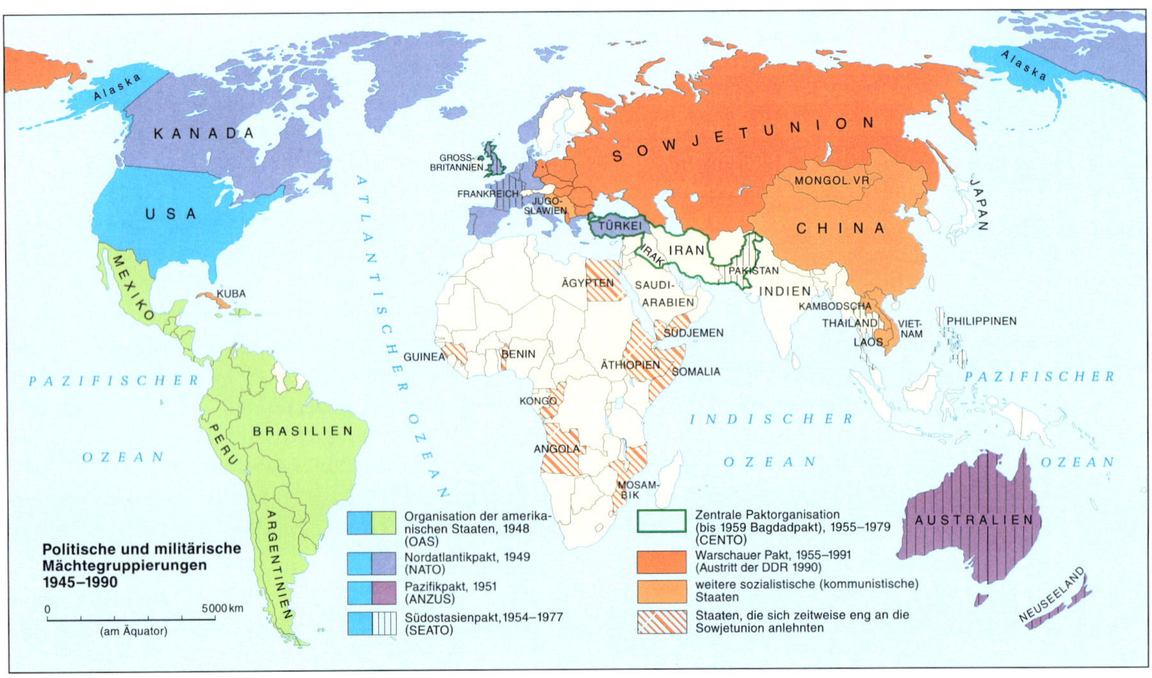

Kuba-Krise als Höhe- und Wendepunkt

In den 1960er-Jahren verlagerte sich das Interesse der Kontrahenten weg von Europa auf andere Weltgegenden. In der *Kuba-Krise* kam es jedoch zu einer direkten Konfrontation, die die Welt an den Rand eines dritten Weltkriegs brachte. In Kuba hatte 1959 eine Revolution unter der Führung von Fidel Castro das alte, amerikafreundliche Regime gestürzt. Im Verlauf der Ereignisse orientierte sich Castro immer stärker am Kommunismus und begann mit dem Aufbau eines sozialistischen Staates. Die USA sahen sich durch diesen Vormarsch des Kommunismus in ihrer direkten Nachbarschaft gefährdet, aber auch die amerikanischen Wirtschaftsinteressen waren beeinträchtigt, da die neue kubanische Regierung die Investitionen von Kapitalgebern aus den USA enteignet und verstaatlicht hatte. Die USA unterstützten die kubanische Opposition und auch 1961 eine Invasion von Exilkubanern in der Schweinebucht an der Südküste der Insel, die aber abgewehrt wurde. In Moskau war man sofort bereit, einen neuen Verbündeten in unmittelbarer Nähe zur USA anzunehmen. Die USA besaßen nämlich seit 1959 Raketenstützpunkte in den NATO-Mitgliedsstaaten Türkei und Italien, von denen aus das Gebiet der Sowjetunion durch Atomraketen innerhalb kürzester Zeit erreicht werden konnte. Die Regierung in Moskau sah nun die Chance, von Kuba aus die USA auf gleiche Weise bedrohen zu können. Im Oktober 1962 entdeckten amerikanische Aufklärungsflugzeuge, dass in Kuba Raketenstellungen errichtet wurden. Präsident John F. Kennedy entschied sich gegen eine von den Militärs geforderte Invasion oder einen Luftangriff und für die Errichtung einer Seeblockade. Dies verkündete er in einer Fernsehansprache und forderte von der Sowjetunion den Abzug der Raketen. Auch drohte er mit einer Invasion auf Kuba. Als sich sowjetische Schiffe mit weiteren Raketen an Bord den von Bombern unterstützten amerikanischen Kriegsschiffen an der Blockadelinie näherten, war klar, dass ein Atomkrieg unmittelbar bevorstand. Nur durch einen raschen Briefwechsel zwischen Präsident Kennedy und dem sowjetischen Staatschef Chruschtschow konnte eine weitere Eskalation verhindert werden. Es kam zu einer Vereinbarung, nach der die Sowjetunion die Raketen aus Kuba abziehen sollten, die USA im Gegenzug zusagten, keine Invasion auf Kuba zu unternehmen und ihrerseits die Mittelstreckenraketen aus der Türkei abzuziehen. Außerdem wurde für schnelle Kontaktaufnahme in Krisenfällen der *„heiße Draht"*, eine direkte Fernschreibverbindung zwischen dem Weißen Haus in Washington und dem Kreml in Moskau, eingerichtet.

John F. Kennedy (1917–1963), US-amerikanischer Präsident (1961–1963)
Foto, 1963.

Eine Phase der Entspannung

Die Kuba-Krise hatte beiden Seiten gezeigt, dass die offene Konfrontation höchst gefährlich war, deshalb begann nun eine Phase der Annäherung. In den USA wurde das Prinzip der *Flexible Response*, also einer flexiblen Reaktion bei einem möglichen Angriff der Sowjetunion, Grundlage der Politik. Man wollte nicht mehr automatisch alle vorhandenen Waffen einsetzen und damit eine atomare Katastrophe hervorrufen, sondern die „Antwort" auf einen Angriff an dessen Ausmaß anpassen. Außerdem einigten sich die beiden Supermächte auf ein Abkommen, mit dem die Atomtests eingeschränkt wurden. 1970 wurde der bis heute gültige *Atomwaffensperrvertrag* unterzeichnet, in dem vereinbart wurde, dass die offiziellen Atommächte (USA, Sowjetunion, Großbritannien, Frankreich und China) keine Atomwaffen an andere Staaten weitergeben dürfen. Darüber hinaus wurden Gespräche über weitere Rüstungsbegrenzungen geführt. Man war nun auf der Basis des Status quo zu einer begrenzten Zusammenarbeit bereit.

Der Vietnamkrieg

Zu diesem Zeitpunkt waren die USA bereits tief in den *Vietnamkrieg* verstrickt. Nach dem Zweiten Weltkrieg hatte Frankreich versucht, seine Kolonialherrschaft in Indochina wiederherzustellen, was einen Krieg auslöste. Da viele der antifranzösischen Rebellen Kommunisten waren, unterstützte die USA Frankreich in dieser Auseinandersetzung, um den globalen Vormarsch des Kommunismus zu stoppen. Trotzdem unterlag die französische Armee, und 1954 wurde das Land in einen kommunistischen, von China und der Sowjetunion unterstützten Norden und den unter dem Schutz der USA stehenden Süden geteilt. Da man in Washington befürchtete, dass der „Verlust" eines Landes an den Kommunismus das Umschwenken weiterer Staaten wie in einer Kettenreaktion nach sich ziehen würde (Domino-Theorie), verstärkte man das Engagement in Vietnam stetig. Ohne offizielle Kriegserklärung kämpften ab 1965 immer größere Truppenkontingente mit massivem Waffeneinsatz gegen Nordvietnam und den *Vietcong*, die kommunistischen Rebellen im Süden. Im Laufe der Zeit ging es immer weniger um die Zurückdrängung des Kommunismus als vielmehr um das Prestige der USA als westlicher Führungsmacht. Obwohl man modernstes Kriegsgerät sowie eine große Zahl an Soldaten einsetzte und überdies höchst rücksichtslos – auch gegen die Zivilbevölkerung – vorging, gelang es nicht, die Gegner zu bezwingen. Der Krieg wurde außerdem auf Kambodscha und Laos ausgeweitet. Durch Berichte in den Medien wuchs sowohl in den USA als auch in den verbündeten westlichen Staaten die öffentliche Kritik am Vorgehen der Supermacht. Die Kampfmoral der amerikanischen Truppen sank beständig, während die Verluste zunahmen. Dies veranlasste die US-Regierung schließlich zu einem schrittweisen Truppenabzug und einem Friedensabkommen. Dadurch fiel der Süden Vietnams nun ganz in die Hände der nordvietnamesischen Truppen und wurde mit dem Norden unter einem kommunistischen Regime vereinigt. Der Imageschaden für die USA war groß, zumal die Sowjetunion weder militärisch noch finanziell in den Krieg eingegriffen hatte, und das amerikanische Selbstbewusstsein hatte einen schweren Schlag erlitten.

Rüstungsbegrenzung und erneute „Eiszeit"

Nun waren die USA bereit, den begonnenen Weg zur Rüstungsbegrenzung weiter zu beschreiten, vor allem auch, weil man erkannte, dass man sich in Bezug auf das Waffenarsenal auf beiden Seiten in einer Patt-Situation befand, in der eine weitere Aufrüstung keinen Zweck hatte. Auch bedeutete massive Waffenproduktion immer eine starke finanzielle Belastung für den Staatshaushalt, was vor allem in der Sowjetunion spürbar war. Bei verschiedenen Konferenzen gab es Verhandlungen zur Rüstungskontrolle und -begrenzung, die schließlich in Verträgen zur Begrenzung von Atomraketen mündeten.
In der Sowjetunion kehrte man am Ende der 1970er-Jahre wieder zu einer auf Konfrontation ausgerichteten Politik zurück. Eine Folge war die Stationierung nuklearer Mittelstreckenraketen (SS 20) in Osteuropa, die nun die europäischen Verbündeten der USA bedrohten. Mit der Präsidentschaft von Ronald Reagan wurde die Phase der Entspannung auch seitens der USA beendet. Das Verteidigungsbudget wurde wieder erhöht und auch propagandistisch kehrte man wieder zum alten Feindbild des Kommunismus zurück. Reagan wollte die Vormachtstellung der USA betonen und prägte das Motto „Frieden durch Stärke". Höhepunkt der Aufrüstung war das Vorhaben eines die ganze USA schützenden Raketenschildes (SDI). Die Ost-West-Beziehungen waren an einem neuen Tiefpunkt angelangt. Trotzdem gingen die Abrüstungsgespräche auch in den 1980er-Jahren weiter.

Das Ende des Kalten Krieges

1979 waren sowjetische Truppen in Afghanistan einmarschiert, um das dortige kommunistische Regime zu stützen. Die Invasion wurde zu einem ähnlichen Desaster wie der Vietnamkrieg der USA. Dies führte zusammen mit der politischen Reformunfähigkeit und den massiven finanziellen Problemen des Landes (u. a. wegen des Weltraumprogramms und der Kosten für die Rüstung) zum Reformkurs unter Michail Gorbatschow. Dessen innenpolitisches Konzept von *Glasnost* und *Perestroika* mündete in einer veränderten Außenpolitik. Die Sowjetunion war nun zum Dialog über sicherheitsbildende Maßnahmen und eine weitgehende Abrüstung bereit. Auch US-Präsident Reagan zeigte Gesprächsbereitschaft, und man beschloss gemeinsam den Abbau aller in Europa stationierten Langstreckenraketen und Atomsprengköpfe. In den folgenden Jahren zerfielen der Ostblock und die Sowjetunion, der **Kalte Krieg** war beendet, und die USA waren die einzige verbleibende Supermacht.

Die Neuorientierung der amerikanischen Politik

Das Ende der Sowjetunion bestärkte die USA in ihrem Selbstbewusstsein, das bessere politische, gesellschaftliche und ökonomische System zu besitzen. Dies sollte auch in Zukunft verteidigt und in der Welt verbreitet werden. Durch weltweite Präsenz wollte man den eigenen Führungsanspruch demonstrieren und Verantwortung für die Durchsetzung der Menschenrechte und einer gerechten und freiheitlichen Weltordnung übernehmen. Da sich in der Golfregion und in den Staaten des ehemaligen Ostblocks neue Konfliktherde ergaben, sahen sich die USA in der Pflicht. Im Auftrag der UNO, aber auch ohne entsprechendes Mandat griffen amerikanische Truppen in NATO-Einsätzen zum Beispiel in die Kriegshandlungen im ehemaligen Jugoslawien ein. Auch als der ursprünglich gegen den Iran von den USA unterstützte irakische Diktator Saddam Hussein das Nachbarland Kuweit angriff, führten die USA eine Koalition aus fast 30 Staaten an, um Kuweit wieder zu befreien. Trotz eines schnellen Sieges gelang es nicht, die Golfregion dauerhaft zu befrieden. Andererseits steigerten diese Erfolge und die Vorreiterrolle in der internationalen Zusammenarbeit das Selbstbewusstsein der USA weiter. Das „Vietnam-Trauma" war überwunden.

Der Krieg gegen den Terror

Einen massiven Einschnitt in die Politik der USA, aber auch in die Politik aller anderen Staaten bildeten die Terroranschläge des *11. September 2001*. Schon vorher hatten islamistische Terroristen der *Al Kaida* Anschläge auf US-Einrichtungen, zum Beispiel in Kenia, unternommen. Aber die Ereignisse von 9/11 erschütterten die USA tief. Man fühlte sich zum ersten Mal im eigenen Land angegriffen. Als Antwort verkündete Präsident George W. Bush einen Krieg gegen den Terrorismus. Dieser wurde zunächst – unterstützt durch eine UN-Resolution – gegen das Regime der radikalislamischen Taliban in Afghanistan geführt. Auch der Irak, der angeblich die Terroristen der Al Kaida unterstützte und über Massenvernichtungswaffen verfügte, wurde (mit dem Iran und Nordkorea) zur „Achse des Bösen" gerechnet. Obwohl die Vorwürfe gegen den Irak nicht bewiesen werden konnten, wurde eine Koalition aus 30 Staaten gebildet, die einen Militärschlag ausführte, dieses Mal ohne Unterstützung der UNO.

Die Krise der Supermacht

Trotz der Kriege in Afghanistan und dem Irak konnten in diesen Staaten keine stabilen demokratischen Regierungen errichtet werden. Statt die Region des Mittleren Ostens zu befrieden, waren zwei weitere Konfliktherde entstanden. Überdies wurde die Rolle der USA als *Weltpolizist* und ihr teilweise eigenmächtiges Vorgehen immer stärker Ziel von internationaler Kritik. Auch die Behandlung von Kriegsgefangenen und Zivilbevölkerung während der Militäroperationen und unter der Besatzung verschlechterte das Image der USA. Der moralische Anspruch der Supermacht, Demokratie, Freiheit und Menschenrechte zu verbreiten, kollidierte mit den Menschenrechtsverletzungen durch US-Soldaten und Geheimdienste. Dies brachte große Teile der islamischen Welt gegen die Politik der USA auf und ließ das Vertrauen vieler Verbündeter schwinden. Auch die finanziellen Probleme der USA aufgrund der hohen Staatsverschuldung seit der *Wirtschaftskrise von 2008* bewirken, dass das Land seine strategischen Ziele neu ausrichtet – mit ungewissen Folgen für die europäischen Verbündeten und die globale Sicherheitslage.

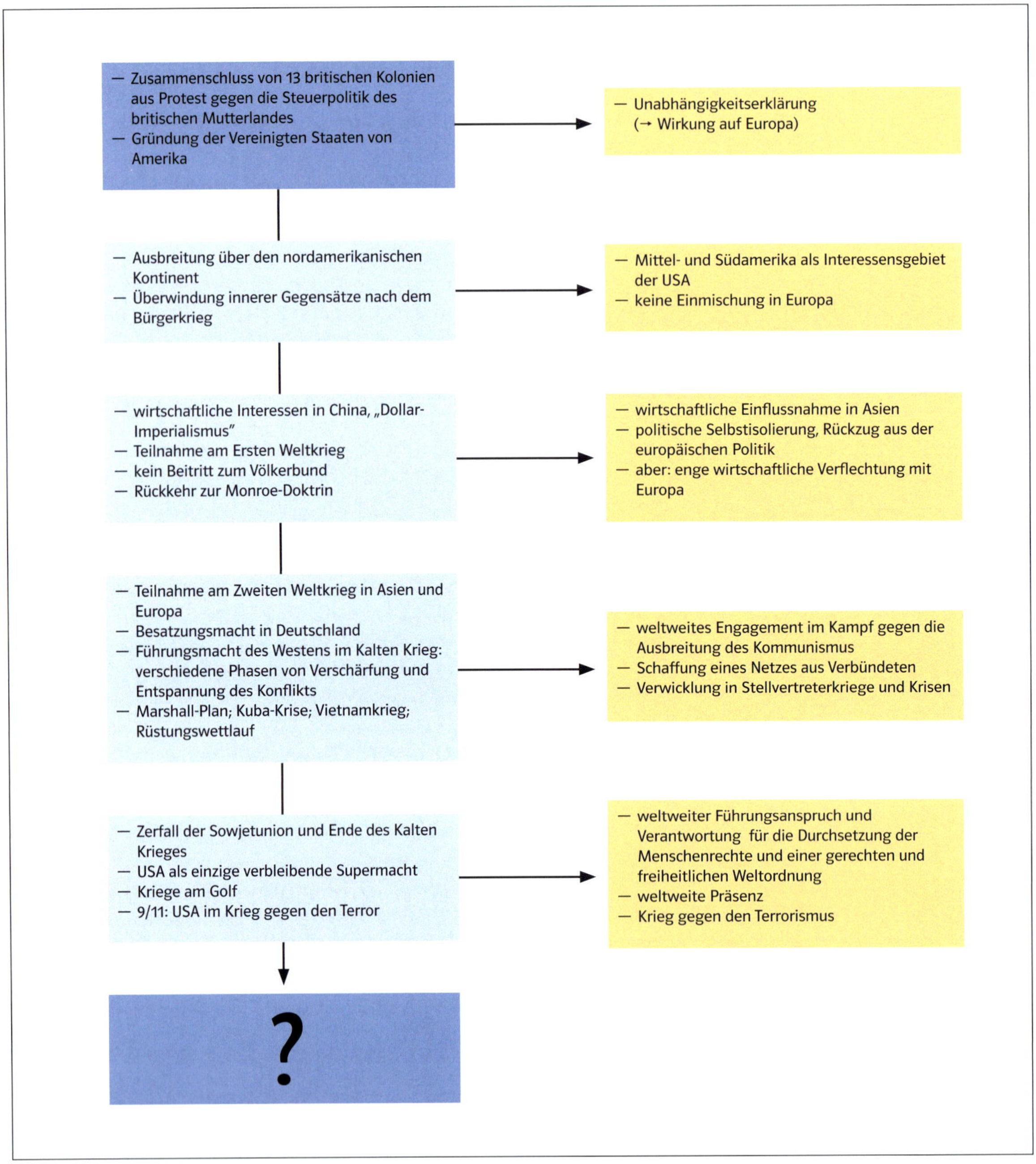

Die USA und ihre Rolle in der Welt

Klausuraufgabe

Vergleichen Sie die Politik der USA gegenüber Europa nach dem Ersten und dem Zweiten Weltkrieg.

Lösungshinweise zu den Klausuraufgaben

1.1 a) Untersuchen Sie anhand der vorliegenden Statistik die demografische Entwicklung in der Stadt Arnstein und ihrem Umland (Amtsbezirk). Das Gebiet gehörte zum Fürstbistum Würzburg.

- Die Bevölkerungszahl schwankt teilweise stark;
- es kommt sowohl zu deutlichen Anstiegen (Stadt: 1720 bis 1725),
  - dafür könnten Ansiedlungsmaßnahmen im Rahmen einer Wirtschaftsförderung durch die Bischöfe verantwortlich sein,
- als auch zu hohen Verlusten (Stadt: 1574–1623; noch deutlicher Amt: 1631–Nov. 1634),
  - diese sind wohl auf die Wirren des Dreißigjährigen Krieges zurückzuführen,
  - aber auch an eine Seuche (Pest) wäre als Ursache für den starken Rückgang 1631–1634 zu denken.

b) Stellen Sie dar, durch welche Faktoren das Leben der Menschen in der Frühen Neuzeit bedroht war.

- ohnehin niedrige Ernteerträge;
- bei schlechten Witterungsverhältnissen kam es schnell zu Missernten und damit zu steigenden Lebensmittelpreisen und häufig auch zu Hungersnöten;
- ein Austausch von Lebensmitteln zwischen betroffenen Regionen und anderen Gebieten war wegen der schlechten Infrastruktur nicht möglich;
- Hunger und harte Lebensbedingungen schwächten die Menschen körperlich, sodass sie außerdem für Krankheiten anfällig waren;
- mangelnde Hygiene und fehlende medizinische Kenntnisse verschlimmerten die Situation
- mehrere Pestepidemien kosteten Millionen Menschen das Leben (in Europa seit 1347 bis ins 19. Jahrhundert);
- auch die häufigen Kriege bedeuteten eine Bedrohung: Überfälle durch herumziehende Soldaten, Plünderungen, Zerstörung oder Raub der Vorräte;
- oft verbreiteten die durchs Land marschierenden Heere auch Krankheiten.

c) „Die Zustände in der Frühen Neuzeit entsprachen denen in den heutigen Entwicklungsländern!" – Beurteilen Sie mithilfe des beigefügten Lexikonartikels den Wahrheitsgehalt dieser Aussage.

Bei der Antwort müssten die verschiedenen Kriterien abgewogen werden. Dabei sind einige Punkte zutreffend (niedriger Lebensstandard, viele Analphabeten, mangelhafte Infrastruktur). Andererseits muss festgestellt werden, dass z. B. der Begriff der Monokultur auf die damalige Wirtschaftsweise der Dreifelderwirtschaft nicht angewendet werden kann, da es sich z. B. nicht wie heute um den Anbau von Kaffee, Reis, Bananen oder Baumwolle für den Export (Cash Crops) handelte. Die Arbeitslosenquote ist ebenfalls keine Größe, die auf die Frühe Neuzeit passt. Sie entstand erst mit den wirtschaftlichen und sozialen Veränderungen (Pauperismus, beginnende Industrialisierung, Landflucht) im 19. Jahrhundert.

1.2 Erläutern Sie die Erscheinungsformen und Handlungsmotivationen sozialer Fürsorge im 19. Jahrhundert.

Es gab verschiedene Ansätze zur Lösung der sozialen Frage:
Fürsorge durch **Unternehmer** (z. B. Alfred Krupp oder Friedrich Harkort):

- Unterstützung beim Kauf von Wohneigentum oder durch Betriebswohnungen;
- Einrichtung von Konsumvereinen, um die Lebenshaltungskosten der Arbeiter niedrig zu halten;
- Errichtung von Bildungsvereinen und Betriebskindergärten;
- Betriebsversicherungen oder Unterstützungskassen (bei Krankheit, Invalidität, zur Altersversorgung) und Krankenhäuser für die Arbeiter.

- Motivation: betriebliches Eigeninteresse (gehorsame, loyale Arbeiter), christlich-humanitäre Haltung oder patriarchalisches Selbstverständnis

private Initiativen:

- z. B. Begründung des Genossenschaftswesen durch Hermann Schulze-Delitzsch;
- im ländlichen Bereich: Errichtung von Einkaufs- und Verkaufsgenossenschaften durch Ferdinand Raiffeisen.

- Motivation: Hilfe für die Arbeiterbevölkerung bzw. die Menschen auf dem Land

kirchliche Initiativen (meist durch einzelne Vertreter, nicht durch die Amtskirche als Ganzes):

- v. a. Sozialarbeit (z. B. Kolping-Bewegung, evangelische Diakonie, Rauhes Haus in Hamburg, Bethelsche Anstalten)

- Motivation: Bekämpfung der durch die Armut entstehenden moralischen Probleme, Verhinderung der Annäherung der Arbeiter und die Ideologie von Sozialismus und Kommunismus

staatliche Maßnahmen (zunächst ebenfalls zögerlich):

- Schutzmaßnahmen für Kinder (Verbot von Sonntagsarbeit, Begrenzung der Arbeitszeit);
- Sozialgesetzgebung unter der Kanzlerschaft Bismarcks: Einrichtung von Versicherungen (mit finanziellen Beiträgen durch den Staat) für die Unterstützung der Arbeiter im Falle von Krankheit, Betriebsunfällen, Invalidität und im Alter.

- Motivation: Sicherung der Verwendbarkeit von Rekruten aus der Arbeiterschicht, Verhinderung einer Ausbreitung der Sozialdemokratie und des Sozialismus

durch die **Arbeiter selbst**:

- Gründung von Arbeiterbildungsvereinen und Unterstützungskassen; Ziele waren: Verhindern der Verarmung, Ermöglichen des Aufstiegs durch Bildung
- aus den Arbeitervereinen erwuchs dann die sozialdemokratische Partei, in dieser auch Orientierung am sozialistischen Gedankengut;
- nach englischem Vorbild entstanden Gewerkschaften (auch christliche Gewerkschaften und liberal orientierte Gewerkvereine).

- Motivation: Verbesserung der eigenen Lage, Schaffung einer Möglichkeit der politischen Artikulation, Organisation der Arbeiter im Kampf für bessere Arbeitsbedingungen

2.1 a) Beschreiben Sie die Position des Reichspräsidenten in der Weimarer Verfassung.

- Der Reichspräsident hat eine lange Amtszeit und kann mehrfach wiedergewählt werden; er wird direkt vom Volk gewählt;
- er ernennt den Reichsgerichtshof und hat den Oberbefehl über das Heer;
- er ernennt und entlässt den Reichskanzler und damit die Regierung;
- er besitzt das Recht zur Reichsexekution;
- besondere Machtfülle erreicht er durch den Artikel 48; mit diesem kann er per Notverordnung Gesetze erlassen;
- überdies hat er das Recht, den Reichstag aufzulösen.

Aufgrund dieser umfassenden Machtbefugnisse wurde der Reichspräsident als „Ersatzkaiser" bezeichnet; gerade der zweite Reichspräsident, Paul von Hindenburg, der als kaiserlicher Generalfeldmarschall im Ersten Weltkrieg Chef der Obersten Heeresleitung war, erfüllte dieses Bild auch persönlich durch sein Auftreten.

b) Der Historiker Hagen Schulze bezeichnet die Weimarer Reichsverfassung als „Schönwetter-Verfassung". Überprüfen Sie, ob und inwiefern diese Aussage zutrifft.

- Hier müsste festgehalten werden, dass es sich bei der Weimarer Reichsverfassung um eine sehr liberale Verfassung handelte, die dem Volk ein breites Mitspracherecht einräumte. Auch die starke Stellung des Reichspräsidenten, die Schwäche der Regierung in ihrer doppelten Abhängigkeit von Präsident und Parlament sowie die erschwerte Regierungsbildung durch die fehlende Sperrklausel sollten erwähnt werden.
- Als am Ende der Republik radikale Parteien große Mehrheiten erlangten, war eine parlamentarische Regierungsarbeit erschwert, später sogar unmöglich – auch mitverschuldet durch die staatstragenden Parteien.
- Ein demokratisch gesinnter Präsident – wie Ebert – war auch in Krisenzeiten (in den ersten Jahren der Republik) in der Lage, mit dem Artikel 48 schnell Maßnahmen zu treffen und so für den Staat zu wirken.
- Ein Präsident wie Hindenburg jedoch, der die Demokratie selbst ablehnte, konnte dem Staat durch den Artikel 48 schwer schaden.
- Letztendlich gelang es Hitler, auf legale Weise Reichskanzler zu werden und innerhalb kurzer Zeit die Verfassung in zentralen Punkten außer Kraft zu setzen.
- Von daher trifft Schulzes Aussage durchaus zu, denn in den ruhigeren mittleren Jahren der Republik „funktionierten" Verfassung und Regierung. Als das „schöne Wetter" vorüber war und u. a. durch die Weltwirtschaftskrise Probleme auftauchten, wirkte sich das antidemokratische Potenzial aus.
- Andererseits könnte man einwenden, dass die Weimarer Republik meist von ihrem Ende her betrachtet wird und wegen ihres Scheiterns v. a. die Schwachpunkte ins Blickfeld rücken. Positive Entwicklungschancen konnten wegen der Kürze ihrer Geltung (12 Jahre) kaum verwirklicht werden.

2.2 a) Beschreiben Sie ausgehend von der Schemadarstellung des nationalsozialistischen Herrschaftssystems auf S. 39 die Position von Adolf Hitler im Dritten Reich.

- umfassende Vollmachten als Staatsoberhaupt, Regierungschef und Oberbefehlshaber;
- Führer der Staatspartei;
- alle Gliederungen der Partei sowie alle Ebenen der Staatsmacht sind hierarchisch angeordnet mit Hitler an der Spitze (Führerprinzip);

- es gibt keinerlei Mitbestimmung, sondern nur die Herrschaft von Hitlers diktatorischem Willen. Seine Macht wird durch SS, SD und Gestapo gestützt.

b) Erläutern Sie, wie das Ideal der Volksgemeinschaft Hitlers Position unterstützte.

- Die Bevölkerung war durch Propaganda auf die NS-Ideologie eingeschworen, neutrale Nachrichten gab es nicht; so wurde es dem Einzelnen erschwert, die Vorgänge in Deutschland kritisch zu hinterfragen;
- die NS-Verbände und Parteigliederungen erfassten nahezu die gesamte Bevölkerung. Wer sich nicht beteiligte, war verdächtigt und gegebenenfalls Repressalien ausgesetzt; davor hatten viele Bürger Angst und wagten keine Opposition;
- die Idee der Volksgemeinschaft fasste alle Mitglieder zusammen; jeder sollte und durfte „dazugehören", für viele Menschen ist es schwer, sich aus dynamischen und aktiven Großgruppen, wie sie z. B. auf Parteitagen propagiert wurden, herauszulösen; außerdem galt Individualismus (im Gegensatz zu heute) grundsätzlich als negativ;
- die Ideale der Volksgemeinschaft (Härte, Leistungs- und Opferbereitschaft für Volk- und Vaterland) waren für die Menschen im Krieg durchaus hilfreich, um mit Problemen fertig zu werden;
- da Hitler der Führer der Volksgemeinschaft war, unterstützten alle diese Aspekte seine uneingeschränkte Macht.

c) Vergleichen Sie die Position Hitlers mit der des Reichspräsidenten in der Weimarer Republik.

- Hitler übernahm im August 1934 nach Hindenburgs Tod die Amtsfunktionen des Reichspräsidenten;
- hier müsste die Machtfülle des Reichspräsidenten dargestellt werden (siehe Hinweise zur Lösung der Klausuraufgabe 2.1 a);
- allerdings muss man feststellen, dass der Reichspräsident natürlich nicht die gleichen diktatorischen Möglichkeiten wie Hitler hatte, da er nicht einen so allgegenwärtigen Parteiapparat oder Organisationen wie SS und Gestapo hinter sich hatte; außerdem war der Reichspräsident nicht Regierungschef;
- auch war die Weimarer Republik eine Demokratie, in der es auch in der Endphase unter den Präsidialkabinetten noch echte Wahlen und einen Pluralismus von Parteien, Medien und Meinungen gab.

2.3 a) „Bonn ist nicht Weimar" – bei der Erstellung des Grundgesetzes versuchte man, die „Fehler" der Weimarer Verfassung zu vermeiden. Nennen Sie zentrale Merkmale, in denen sich das Grundgesetz von der Weimarer Reichsverfassung unterscheidet.

- Die Grund- und Menschenrechte stehen als abgesicherter Bereich am Beginn des Grundgesetzes, sie sind – im Gegensatz zu Weimar – unveränderbar;
- im Grundgesetz ist der Schutz der freiheitlich-demokratischen Grundordnung niedergelegt;
- die Position des Bundeskanzlers als Regierungschef ist gestärkt, während der Bundespräsident im Gegensatz zum Reichspräsidenten eine vor allem repräsentative Funktion hat;
- das reine Verhältniswahlrecht von Weimar wurde durch eine Sperrklausel verändert, die verhindert, dass Splitterparteien in den Bundestag einziehen.

b) Konrad Adenauer wurde von seinen Gegnern als „Kanzler der Alliierten" beschimpft. Überprüfen Sie, welche Aspekte von Adenauers Politik eine solche Einschätzung hervorrufen konnten.

- Adenauer betrieb eine konsequente Politik der Westorientierung und arbeitete eng mit den Westalliierten zusammen;
- er trat als Gegner des Kommunismus auf und misstraute der sowjetischen Politik;
- Adenauer folgte dem Motto „Souveränität vor Einheit"; er bemühte sich vor allem, für die Bundesrepublik eine möglichst umfangreiche Souveränität zu erreichen, und gab diesen Bemühungen den Vorrang vor einer möglichen Wiedervereinigung; in diesem Sinne versuchte er tatsächlich, das Vertrauen der Westalliierten zu erringen; er hoffte, dass eine wirtschaftliche und politisch starke Bundesrepublik eine Sogwirkung auf die DDR ausüben und eine Vereinigung ermöglichen würde;
- um die Souveränität zu erreichen, war es nötig, dass die Bundesrepublik in internationale Organisationen (z. B. NATO, EWG) eintrat.

Zusammenfassend kann festgestellt werden, dass die Einschätzung teilweise durchaus der Wahrheit entspricht, andererseits folgte Adenauer seinen politischen Prämissen und handelte entsprechend; andererseits lässt sich auch feststellen, dass er den Alliierten von Anfang an durchaus selbstbewusst gegenüber trat.

2.4 Begründen Sie mithilfe der Grafik auf S. 56, warum man behaupten kann, dass es sich bei der DDR nicht um einen demokratischen Rechtsstaat handelte.
- Es fehlte die Gewaltenteilung;
- es gab keine Trennung zwischen Exekutive und Legislative;
- auch das oberste Gericht und Staatsanwaltschaft wurden von der Volkskammer gewählt;
- sowohl Regierung als auch Volkskammer erhielten Weisungen vom Politbüro der SED;
- durch die Wahl einer vorher festgelegten Einheitsliste gab es keine freie Entscheidung zwischen Parteien und deren Kandidaten;
- in Volkskammer, Ministerrat und Staatsrat hatte die SED von vorneherein eine deutliche Mehrheit;
- auch in der SED gab es keine innerparteiliche Mitbestimmung, da die nächst höheren Gremien jeweils die Weisungsbefugnis über die unteren Ebenen besaßen;
- das Politbüro der SED bestimmte die politischen und ideologischen Richtlinien für Staat und Partei;
- seit 1968 war der Führungsanspruch der SED auch offiziell in der Verfassung der DDR verankert (Art. 1).

3.1 Stellen Sie Stationen der Entwicklung im Mittelalter dar, die schließlich in der Moderne dazu führten, dass die Religionsfreiheit in Verfassungen verankert ist.
- Seit dem frühen Mittelalter (Taufe Chlodwigs) war das Gottesgnadentum Basis und Rechtfertigung der Herrschaft der fränkischen Könige;
- unter den Karolingern entwickelte sich eine enge Verbindung zu den Päpsten (Salbung des ersten Karolingers Pippin des Jüngeren durch den Papst);
- dadurch wurde der König zu einer geweihten Person und zum Mittler zwischen Gott und den Menschen (rex et sacerdos);
- der besondere Schutz der Kirche wurde Aufgabe des Königs;
- dies wurde noch verstärkt durch die Krönung Karls des Großen zum Kaiser; als Kaiser war er der Schutzherr der Christenheit;
- durch die Krönung Ottos I. entstand eine Verknüpfung des Kaisertums mit dem ostfränkischen Königtum; die deutschen Könige sahen sich fortan als „römische Kaiser";
- die enge Verbindung äußerte sich auch im Reichskirchensystem, durch das die Bischöfe und Äbte als treue Gefolgsleute der Könige im Reich wirkten;
- im 11. und 12. Jahrhundert kam es häufiger zu Konflikten zwischen Kaisern und Päpsten;
- ein Höhepunkt war der Investiturstreit, in dem es um die Frage ging, ob der Kaiser das volle Recht zur Amtseinsetzung der Bischöfe und Äbte haben konnte;
- der Streit endete schließlich in einem Kompromiss, dem Wormser Konkordat; der Kaiser durfte die geistlichen Fürsten nur noch mit ihren weltlichen Herrschaftszeichen versehen; die geistlichen Vollmachten wurden vom weltlichen Herrscheramt getrennt;
- dadurch zerbrach die enge Bindung und Zusammenarbeit des Kaisers und der geistlichen Fürsten, es begann die Entwicklung zur Trennung von Kirche und Staat.

3.2 a) Erarbeiten Sie aus dem Text, mit welchen Mitteln die Römer – laut Kleists Drama – ihre Macht in Germanien ausdehnen.
- Die Römer erobern Gebiete mit Waffengewalt (z. B. die Gebiete der Cimbern und Nervier);
- sie binden Fürsten mit Verträgen an sich (z. B. Thuiskomar), in denen sie versprechen, dass sie ihre Stammesgebiete verschonen werden; diese werden gebrochen, und die Römer marschieren, angeblich aus zwingenden Gründen, ein;
- anderen Fürsten werden Gebietsgewinne angeboten (z. B. Dagobert).

b) Kleist charakterisiert in seinem Drama indirekt die deutschen Fürsten seiner eigenen Zeit. Arbeiten Sie heraus, welches Verhalten er an ihnen kritisiert.
- Sie sind ängstlich und verzagt angesichts der Erfolge der Römer (= Franzosen, vgl. Wolfs Aussagen zu Beginn der Szene);
- die Fürsten sind vor allem auf ihren eigenen Vorteil bedacht und verhalten sich nicht solidarisch; so schließt Thuiskomar einen Vertrag mit den Römern, dass er den Fürsten der Friesen, also seinen „Landsmann", im Kampf gegen die fremden Truppen nicht unterstützen wird; erst als die Römer ihn verraten, ist er zur Zusammenarbeit bereit;
- die Fürsten sind untereinander zerstritten und pflegen lieber alte Konflikte (wie Dagobert und Selgar), statt zusammen gegen den ausländischen Feind zu kämpfen; lieber wollen sie den Verlust ihres Herrschaftsgebietes in Kauf nehmen;
- Wolf bringt diese Haltung auf den Punkt wenn er sagt, dass sich die Fürsten, wie „Hirten streiten/Um eine Handvoll Wolle", wenn der Wolf (= Napoleon) bereits angreift.

c) Ordnen Sie das Drama in die Geschichte des „Hermann-Mythos" ein.

- Aufschwung des Hermann-Mythos zu Beginn des 19. Jahrhunderts; zu dieser Zeit eroberten die französischen Truppen unter Napoleon große Teile Europas;
- man identifizierte sich mit den Germanen und deren Abwehrkampf gegen die Römer, die deutschen Einzelstaaten setzte man mit den germanischen Stämmen, die Franzosen mit den übermächtigen Römern gleich, Arminius wurde zum Vorbild;
- aktuelle Anlässe für Kleists Drama:
  - 1806 Ende des Heiligen Römischen Reiches Deutscher Nation; dieses löst sich auf, als zahlreiche Staaten, die dem von Napoleon initiierten Rheinbund angehörten, aus dem Reich ausschieden (bei Kleist: fehlende Einheit der Germanen);
  - schon im Dritten Koalitionskrieg, 1805, hatten bayerische, württembergische und badische Truppen auf der Seite Napoleons gegen österreichische Truppen gekämpft (bei Kleist: einzelne Germanenfürsten, die sich mit den Römern verbünden);
  - schließlich erlitten Preußen und Russland im Vierten Koalitionskrieg (1806/07) eine Niederlage.

4.1 Skizzieren Sie – auch mithilfe der Karten auf S. 89 – die Geschichte der palästinensischen Gebiete im Nahostkonflikt seit 1948.

- Laut dem UN-Teilungsplan sollte der zu errichtende Staat der Palästinenser etwas weniger als die Hälfte des britischen Mandatsgebietes umfassen;
- Jerusalem sollte unter internationale Verwaltung gestellt werden;
- da viele Palästinenser und die arabischen Nachbarstaaten eine Teilung des Gebietes generell ablehnten, kam es zu keiner Ausrufung eines palästinensischen Staates;
- durch Sieg im arabisch-israelischen Krieg, der unmittelbar nach der israelischen Staatsgründung begann, eroberte Israel große Gebiete, die eigentlich für die Palästinenser vorgesehen waren;
- im Krieg waren viele Palästinenser geflohen, auf ihrem Land wurden v. a. jüdische Neueinwanderer angesiedelt;
- auch Jordanien und Ägypten annektierten großflächig palästinensische Landstriche (Westjordanland und Gazastreifen); daher entstand auch hier kein Staat der Palästinenser;
- im Sechstagekrieg 1967 eroberte Israel den Gazastreifen, Ost-Jerusalem und das Westjordanland;
- am 15. November 1988 – während der ersten Intifada – rief PLO-Führer Jassir Arafat den Staat Palästina aus;
- durch die Abkommen des Oslo-Friedensprozesses wurden das Gebiet von Jericho, der Gazastreifen und das Westjordanland (Westbank) als palästinensische Autonomiegebiete (Vorstufe für einen eigenen Staat) anerkannt; dafür verzichtete die PLO auf die Forderung nach einem palästinensischen Staat auf der gesamten Fläche Israels;
- durch palästinensische Terrorakte, die Gegenschläge der Israelis und die Errichtung neuer Siedlungen auf besetztem Gebiet stockte der Autonomieprozess, v. a. auch durch den Beginn der zweiten Intifada;
- Gespräche oder der Entwurf der sogenannten „Roadmap" brachten keine Abhilfe;
- die Israelis errichten seit 2003 einen massiven Sperrzaun, durch den die Palästinensergebiete vom israelischen Kerngebiet abgetrennt werden;
- die Menschen in den Palästinensergebieten leben unter sehr schlechten Umständen, die durch die Abriegelung und die Kämpfe zwischen verschiedenen Palästinensergruppen noch zusätzlich erschwert werden.

4.2 Vergleichen Sie die Politik der USA gegenüber Europa nach dem Ersten und dem Zweiten Weltkrieg.

- Nach beiden Weltkriegen entwarfen die jeweiligen US-Präsidenten Programme für eine stabile und friedliche Nachkriegsordnung: Wilson: Vierzehn Punkte; Roosevelt: Atlantik-Charta;
- sie planten auch beide eine internationale Organisation zur friedlichen Konfliktbewältigung und Zusammenarbeit der Völker: Völkerbund bzw. UNO;
- nach dem Ersten Weltkrieg wollte die Mehrheit der Bevölkerung und des von ihr gewählten Kongresses die Rückkehr zur Monroe-Doktrin (Nichteinmischung in europäische Belange);
- aus diesem Grund trat die USA nach dem Ersten Weltkrieg dem Völkerbund nicht bei;
- nach dem Zweiten Weltkrieg besaß die USA eine noch deutlichere Führungsrolle, politisch als Siegermacht, militärisch als Atommacht und wirtschaftlich mit dem Dollar als internationaler Leitwährung;
- die Rolle als Besatzungsmacht verhinderte einen schnellen Rückzug aus Europa, und mit dem Beginn des Kalten Krieges war an eine Aufgabe der Position in Westeuropa nicht zu denken, wenn man dieses nicht dem sowjetischen Einfluss überlassen wollte.

Personen- und Sachregister

Verwendete Abkürzungen:
A = Abb.; ägypt. = ägyptisch; amerik. = amerikanisch; bayer. = bayerisch; brit. = britisch; dt. = deutsch; engl. = englisch; fränk. = fränkisch; franz. = französisch; geb. = geboren; griech. = griechisch; irak. = irakisch; islam. = islamisch; israel. = israelisch; ital. = italienisch; Jh. = Jahrhundert; K = Karte; kuban. = kubanisch; österr. = österreichisch; paläst. = palästinisch; preuß. = preußisch; röm. = römisch; sowjet. = sowjetisch; span. = spanisch; Ü = Übersicht/Schaubild; ungar. = ungarisch; v. Chr. = vor Christus

Hinweise:
→ Verweis auf ein anderes Stichwort

Halbfett gesetzt sind (historische) Grundbegriffe, die im Buch in einem Kasten erläutert werden. Die halbfette Seitenzahl gibt den Fundort an.
Bei Herrschern werden so weit möglich die Lebensdaten und die Amtsdaten angegeben, bei allen anderen Personen nur die Lebensdaten.